예 문 2

개정판

안수 및 허입, 취임 · 이임 · 은퇴 · 파송 · 임명
기공 및 봉헌 · 교회설립

기독교대한감리회

발 간 사

제26회 총회 입법의회에서 우리 감리교회의 공적 예문을 새롭게 개정하여 편찬하게 된 일을 크게 기뻐하며, 모든 예배를 받으실 하나님께 영광 돌립니다.

예배는 하나님이 인간에게 가까이 오시고, 구원하시는 거룩한 상징입니다. 이것은 하나님의 은혜를 인간에게 전달하는 방법이요, 은혜의 수단과 통로가 됩니다. 성례는 예수님께서 제정하시고 명하신 거룩한 예식이며, 교회가 오랫동안 행해 온 전통입니다.

우리 감리교회는 존 웨슬리의 전통에 따라 위로는 하나님을 향해 진실하고, 경건하며, 격식을 갖춘 고상한 예배로 영적 깊이를 더하였고, 아래로는 이웃과 세상에 위로와 진리를 전함으로써 하나님의 사랑을 넓혀왔습니다. 예나 지금이나 예배는 "신령과 진정으로" 드릴 뿐 아니라, 오늘을 사는 예배자들의 가장 맑고 절제된 언어로 이루어져야 합니다.

감리교회는 오랫동안 예배를 연구하고 정리하여, 현장에서 쉽게 이용할 수 있도록 예배서와 예문집을 제공해 왔습니다. 이러한 과정을 거쳐 온 감리교회가 일치된 말과 고백으로 하나님을 섬기고, 감리교인으로서의 자긍심을 갖게 하는데 예문연구위원회가 기여해 주심을 감사합니다. 앞으로 새 「예문」으로 더욱 존귀하신 하나님을 예배하고, 이를 통해 감동이 넘치는 삶이 연출되기를 희망합니다.

「예문」을 편찬하신 총회 예문연구위원회 위원장 전용호 목사님과 모든 위원 여러분의 수고에 깊이 감사합니다.

2006년 3월

기독교대한감리회 감독회장 **신 경 하**

머 리 말

우리 한국감리교회는 예배 역사 1세기를 넘기면서 예배의 역사적 전통이나 예배 신학 그리고 우리 문화를 바탕으로 한 회중의 신앙과 영성이 반영된 새로운 예배서가 필요한 현실이었습니다. 그리고 우리 삶을 예배로 연접시킬 수 있는 교회력에 따른 절기, 일반기념일, 각종 예식의 목적과 정신이 담긴 새로운 예문의 발간을 기대해 왔습니다. 이러한 요구에 부응하여 기독교대한감리회 선교국 산하의 '신앙과 직제위원회'에서는 위원장 고흥배 목사 외 13명의 위원들(가흥순 목사, 고수철 목사, 김남철 목사, 김준형 목사, 박종욱 목사, 백구영 목사, 신문구 목사, 안희선 목사, 유승훈 목사, 이보철 목사, 이송관 목사, 한연수 장로, 황문찬 목사)과 감리교회 내 3개 신학대학교 예배학 교수들(김외식 총장, 박은규 교수, 나형석 학장, 남호 교수)이 함께 모여 「새 예배서」를 발간하기로 결정하고 2년 6개월 동안의 연구를 거쳐 2001년 제24회 총회입법의회의 결의에 따라 「새 예배서」를 발간하였습니다.

이는 우리 한국감리교회의 역사상 매우 뜻 깊은 일이며, 예배를 집례하는 모든 교역자에게 현실적으로 신선한 도움이 되었으리라 생각합니다. 특별히 「새 예배서」는 예배신학적인 견고한 토대 위에 완성되었기 때문에 한국교회 예배학의 새로운 전기를 마련하는 데도 큰 기여를 한 것으로 평가됩니다.

이러한 대내외적인 좋은 반응과 함께, 제25회 총회입법의회 '예문연구위원회'에서는 기존의 「새 예배서」에서 발견된 부족한 부분들을 보완하여 더욱 발전된 내용의 「예문」을 발행하기로 결의하였습니다. 왜냐하면 「새 예배서」는 내용과 구성에 신학적인 의미가 풍부히 담긴 장점이 있었음에도 불구하고, 일선교회 목회자들이 예식을 집례하기에는 다소간의 불편함이 있었기 때문입니다. 즉, 목회자들이 예식을 집례할 때에 편리하게 사용할 수 있도록 단권으로 만들어 주었으면 하는 요청이 끊임 없이 있었습니다. 또한 여러 위원들이 「새 예배서」의 예문들을 집필하여 각 예문의 구조와 문체, 용어에 많은 차이점이 나타나, 통일성 있는 수정·보완 작업의 필요성이 제기되었던 것입니다.

따라서 25회 입법의회 예문연구위원회는 「새 예배서」의 신학부분은 그대로 두고 예문만을 수정·보완하여 단권의 책으로 다시 발간하자는 결의에 따라, 편집을 위임 받은 예문연구위원회 서기 가흥순 목사(인천 여명교회)가 기존의 「새 예배서」의 신학과 내용을 충분히 반영하여 수정·보완의 작업을 완료하였고, 3개 신학대학교 예배학 교수들에게 감수를 받고, 장정개정위원회(위원장 : 신동일 감독)의 심의를 통과하였습니다. 그리고 「예문」의 구성은 예문 1(성례, 혼례, 장례 및 추도, 가정의례 등의 담임교역자용 예문)과 예문 2(안수 및 허임, 취임, 이임, 은퇴, 파송, 임명, 기공 및 봉헌, 교회 설립 등의 공적예식용 예문)로 구분·편집하여 발간하자는 2005년 제26회 총회입법의회의 결의를 거쳐서 이 예문을 출간하게 되었습니다.

본 「예문」은 종전에 사용해 왔던 「예문」(1992년 발간)과 「새 예배서」 (2002년 발간)를 참고하였고, 새로운 요청과 필요에 따라 성례뿐 아니라 관혼상제와 관련된 모든 그리스도교 예식을 포함시켰습니다.

이 「예문」을 통하여 우리 감리교회가 더욱 성숙하고 질서 있는 예식을 진행할 수 있기를 바라며, 그동안 「예문」 편찬 작업에 깊은 관심을 보여 주신 모든 분과 이 작업에 참여한 모든 위원에게 감사드립니다.

이 「예문」을 사용하는 모든 교회마다 하나님의 은혜가 충만하기를 바라며 하나님께는 큰 영광이 되기를 기원합니다.

제25회 총회 입법의회
예문연구위원회

위원장 전 용 호 목사

「예문」 사용 안내와 준칙

이 「예문」은 기독교대한감리회 「새 예배서」의 발간(2002년 4월) 이후, 목회현장의 현실적인 요청에 따라 기존의 「새 예배서」를 수정·보완하여 발간하는 것입니다.

그러므로 예배와 예식을 집례하는 교역자들이 이 「예문」을 효과적으로 사용할 수 있게 하기 위하여, 어떤 기준과 원칙에 따라 작업이 이루어졌는지 그에 대한 안내와 지침을 다음과 같이 밝힙니다.

첫째, 「새 예배서」에 나타난 예배 신학과 예식 정신을 유지하되, 교역자들의 실제적인 요청에 의하여 불가피하게 수정되어야 할 부분들을 수정·보완하였습니다. 이에 따라 「새 예배서」의 신학부분(예식해설)은 수정하지 않았고, 예문만 수정하는 것을 원칙으로 하였습니다.

둘째, 목회자들이 실제 예식을 집례할 때에 편리하게 사용하기 위하여, 예문 1(성례, 혼례, 장례 및 추도, 가정의례 등의 담임교역자용 예문을 수록)과 예문 2(안수 및 허입, 취임, 이임, 은퇴, 파송, 임명, 기공 및 봉헌, 교회설립 등의 공적예식용 예문을 수록) 두 권으로 구분하여 제작하였습니다.

셋째, 기존의 「새 예배서」에는 누락되었으나 목회현장에서 실제로 필요한 예문들을 첨가하였습니다. 따라서 성례의 약식 성만찬예문, 병상세례 및 성만찬예문, 장례의 조문예식, 납골예식, 이장예식, 명절추도예식,

6

교회임원 임명예식, 교육관 봉헌예식, 목사관 봉헌예식, 교회설립예식 등의 예문들을 제시하였습니다.

넷째, 교역자들이 예식을 더욱 의미 있게 집례하고, 「예문」을 효과적으로 활용할 수 있도록 기존의 「새 예배서」를 보강하였습니다. 이에 따라 「새 예배서」보다 더 상세하게 루브릭(rubric)을 제시하여, 예식 진행에 실제적인 안내와 설명이 될 수 있도록 하였습니다. 또한 예문의 순서를 조정함에 있어서 실제 예식의 진행을 염두에 두고 현실감 있게 구성하였는데, 실제로 잘 하지 않는 순서들(예를 들면, 송영, 불필요한 인사말 등)은 과감히 생략하였습니다.

다섯째, 예문의 문체와 용어의 통일성을 기하였고, 예식문과 기도문도 대폭 수정·보완하려고 노력하였습니다. 그리고 「새 예배서」에서처럼 여러 개의 성경본문을 제시하지 않았고, 그 예식의 성격에 맞는 하나의 성경본문만을 기재하였습니다(단, 또 다른 유사내용의 본문들은 참고적으로 성경 장, 절만 표기하였습니다.). 또한 「새 예배서」에서처럼 예식 기도문을 여러 가지로 제시하지 않았고, 하나의 기도문으로 일목요연하게 정리하였습니다. 그리고 무엇보다도 본 「예문」은 표준예식의 모범을 제공하는 것이므로, 일선 교회의 교역자들은 본 「예문」에 나타난 예식순서와 기도문을 개 교회의 상황과 여건에 따라 보완·가감하여 사용하기 바랍니다.

여섯째, 본 「예문」의 특색은 우리 감리교회의 신학에 근거하여 다양한 예식들을 제시합니다. 예컨대, 세례예식에서는 유아세례, 아동세례, 성인세례 등을 구분하여 다루며, 청소년을 포함한 여러 연령층의 세례를 함께 베풀 경우의 예식과 병상·임종에서와 같이 긴급한 경우에 간략하

7

게 세례와 성만찬을 행할 수 있는 예식 등을 별도로 제공합니다. 이처럼 본 「예문」에서는 여러 경우에 이용될 수 있는 예식문을 개발하여 제시하기 때문에, 여러 가지 다양한 상황 속에도 원활하게 예식을 진행할 수 있을 것입니다. 그리고 시대의 흐름에 맞추어 결혼예식에는 국제결혼예식과 결혼기념예식이 포함되었고, 교회 공적인 예식들(안수 및 허입예식, 취임예식, 이임예식, 은퇴예식, 파송예식, 임명예식, 기공 및 봉헌예식, 교회설립예식)은 그 의미를 충분히 살리는 차원에서 현장의 정황을 최대한 고려하여 수정하였습니다. 이러한 예식들은 감리교회의 「예문」이 변화하는 새로운 시대의 다양한 상황들을 인식하며, 그러한 경우마다 예식을 통하여 회중에게 하나님의 은혜를 전달하려는 노력을 기울이고 있음을 보여 주는 것입니다.

일곱째, 공식적으로 사용하는 성경번역본은 '개역개정판' 성경에 준합니다. 이는 기성교회가 쓰기에는 불편함이 있겠지만, 다음 세대를 위해서라도 개역개정판을 사용해야 한다는 책임감 때문입니다.

마지막으로, 용어사용에서도 틀린 용어는 바르게, 어려운 용어는 쉽게, 여러 개로 혼동하여 쓰는 용어는 하나의 용어로 통일하였으며, 뜻도 모르고 단순히 형식적인 기호로만 쓰던 용어들은 쉽게 풀어서 분명히 이해하며 사용하게 하였습니다.

이처럼 바람직한 예배용어의 사용을 위하여 다음과 같이 통일의 준칙을 정하였습니다.

1) '목회자'는 목사에게만, '교역자'는 목사와 전도사를 함께 지칭할 때 쓴다.

2) 예배나 예식의 진행은 '집례'로, 회갑, 생일 등 교역자가 아니라도

진행을 맡아볼 수 있는 경우는 '인도'로 구별하여 쓴다.

3) '헌금' 또는 '헌금기도'는 '봉헌'과 '봉헌기도'로 통일한다. 참된 봉헌은 단순히 물질만 드리는 것이 아니라, 시간, 물질, 생명 등 우리가 가진 모든 것을 산 제사의 의미로 하나님께 드리는 것이기 때문이다.

4) '주기도문'은 '주님이 가르치신 기도'로, 짧게 사용할 필요가 있을 때는 '주님의 기도'로 표기한다.

5) '설교' 또는 '말씀선포' 중 어느 하나를 사용할 수 있다.

6) '성가대'는 '찬양대'로 부른다.

7) 공식명칭은 '기독교대한감리회'로 하되, '감리회'만 별도로 사용할 때는 '감리교회'라고 표기한다.

이제 이 「예문」이 새로운 세기를 맞이하는 우리 감리교회의 시대적 소명에 부응하여 모든 교역자에게 유용한 지침서가 되기를 바라며, 「예문」이 발간되기까지 많은 관심과 성원을 보내 주신 신경하 감독회장님과 기독교대한감리회 선교국, 선교국 산하의 신앙과 직제위원 여러분, 출판을 담당한 홍보출판국 모든 분에게 깊은 감사를 드립니다.

이 「예문」을 사용하는 모든 분에게 하나님의 은총이 함께 함께하시기를 기원합니다.

집필 대표 가 홍 순 목사

9

예문
2

VII. 기공 및 봉헌 · 교회 설립

예 문 [1]

V. 안수 및 허입

목사안수예식 · 연회준회원 허입예식

연회정회원 허입예식 · 장로안수예식

목사안수예식

집례 : 감독

조용한 기도(전주) / 다함께

입 장 / 감독들과 안수 받을 이들
(연회 회원들이 일어서서 박수로 환영할 때, 감독들과 안수 받을 이들이 입장한다. 입장은 연회기, 집례감독과 보좌감독들, 안수보좌 감리사들과 목사들, 안수 받을 이들 순으로 한다.)

소 개 / 연회 서기
(연회 서기가 안수 받을 이들을 호명하여, 감독 앞에 서게 한다.)
　기독교대한감리회 제 ○○회 ○○연회에서 안수 받을 이들을 소개합니다.
　○○○, ○○○, ○○○, ○○○, ○○○, ○○○ ….
　내가 이 형제와(들과) 자매(들)로 목사안수를 받게 하려고 감독 앞으로 인도합니다.

예식사 / 집례 감독
　연회 회원 여러분, 우리가 이들을 연회의 과정 및 자격 심사위원회에서 심사하여, 이들이 하나님의 부르심에 따라 목사의 직임을

14　안수 및 허입

감당할 수 있는 자격과 자질을 갖추었다고 인정하고, 본 회의에서 투표로 가결하였기에, 이제 이들에게 목사 안수례를 행하고자 합니다. 이 안수례 위에 성령의 임재를 기원하면서, 경건한 마음으로 참여하여 주시기 바랍니다.

기 도 / 맡은이(보좌감독 중)
거룩하신 하나님 아버지,
예수 그리스도를 통하여 인류 구원의 성업을 완성하시고,
주님의 몸 된 교회를 위하여 사도를 세우사,
하나님의 거룩한 사역을 감당하게 하심을 감사합니다.
주님께서 쓰시기에 합당한 착하고 충성된 종들을 부르시고
기름을 부어 성별하심에 모든 영광을 하나님께 돌려 드립니다.
이들을 통하여 하나님 나라가 확장되어 갈 수 있음을 믿고 감사합니다.
이제 사역에 부르심을 받아,
헌신하는 주님의 종들에게 거룩한 교회의 이름으로 안수하고자 하오니,
이들을 성별하옵소서.
이 시간 성령께서 임재하사,
하나님께는 영광이 되게 하시고,
참석한 우리에게는 은혜의 시간이 되게 하여 주시기를 원하오며, 우리 주 예수 그리스도의 이름으로 기도합니다. 아멘.

성경봉독(에베소서 4:7~12; 요한복음 10:1~2, 7~16) / 맡은이(보좌감독 중)

우리 각 사람에게 그리스도의 선물의 분량대로 은혜를 주셨나니 그러므로 이르기를 그가 위로 올라가실 때에 사로잡혔던 자들을 사로잡으시고 사람들에게 선물을 주셨다 하였도다 올라가셨다 하였은즉 땅 아래 낮은 곳으로 내리셨던 것이 아니면 무엇이냐 내리셨던 그가 곧 모든 하늘 위에 오르신 자니 이는 만물을 충만하게 하려 하심이라 그가 어떤 사람은 사도로, 어떤 사람은 선지자로, 어떤 사람은 복음 전하는 자로, 어떤 사람은 목사와 교사로 삼으셨으니 이는 성도를 온전하게 하여 봉사의 일을 하게 하며 그리스도의 몸을 세우려 하심이라(에베소서 4:7~12)

내가 진실로 진실로 너희에게 이르노니 문을 통하여 양의 우리에 들어가지 아니하고 다른 데로 넘어가는 자는 절도며 강도요 문으로 들어가는 이는 양의 목자라 … 그러므로 예수께서 다시 이르시되 내가 진실로 진실로 너희에게 말하노니 나는 양의 문이라 나보다 먼저 온 자는 다 절도요 강도니 양들이 듣지 아니 하였느니라 내가 문이니 누구든지 나로 말미암아 들어가면 구원을 받고 또는 들어가며 나오며 꼴을 얻으리라 도둑이 오는 것은 도둑질하고 죽이고 멸망시키려는 것뿐이요 내가 온 것은 양으로 생명을 얻게 하고 더 풍성히 얻게 하려는 것이라 나는 선한 목자라 선한 목자는 양들을 위하여 목숨을 버리거니와 삯꾼은 목자가 아니요 양도 제 양이 아니라 이리가 오는 것을 보면 양을 버리고 달아나나니 이리가 양을 물어 가고 또 헤치느니라 달아나는 것은 그가 삯꾼인 까닭에 양을 돌보지 아니함이나 나는 선한 목자라 나는 내 양을 알고 양도 나를 아는 것이 아버지께서 나를 아시고 내가 아버지를 아는 것 같으니 나는 양을 위하여 목숨을 버리노라 또 이 우리에 들지 아니한 다른 양들이 내게 있어 내가 인도하여야 할 터이니 그들도 내 음성을 듣고 한 무리가 되어 한 목자에게 있으리라(요한복음 10:1~2, 7~16)

(참고 / 마태복음 28:16~20)

찬 양 / ○○○찬양대 혹은 ○○○합창단

말씀선포 / 감독

문 답 / 집례 감독과 안수 받을 이들

감　　　　독 : 이제 사도의 가르침을 계승한 기독교대한감리회 ○○연회가 교회의 머리가 되시는 예수 그리스도의 이름으로 안수를 행하기에 앞서, 여러분에게 묻는 말에 신실하게 대답하시기 바랍니다.

감　　　　독 : 여러분은 예수 그리스도께서 목사의 직임을 맡기기 위하여 부르신 줄 믿습니까?

안수 받을 이들 : 아멘.(혹은 "예, 우리가 그렇게 믿습니다."로 대답한다.)

감　　　　독 : 여러분은 충성을 다하여 예수 그리스도의 교훈을 준행하며, 그 도리를 가르치고, 성례를 베풀겠습니까?

안수 받을 이들 : 아멘.(혹은 "예, 주님의 도우심으로 우리가 그렇게 하겠

습니다."로 대답한다.)

감　　　독 : 여러분은 성경이 구원과 영생을 얻는 유일한 진리
가 됨을 믿으며, 성도에게 성경을 가르치기로 결
심하였습니까?

안수 받을 이들 : 아멘.(혹은 "예, 우리가 그렇게 믿고 결심하였습니다."로
대답한다.)

감　　　독 : 여러분은 성경에 위배되는 이단과 교리를 배격하
고, 교회를 보호하기 위해 힘쓰겠습니까?

안수 받을 이들 : 아멘.(혹은 "예, 주님의 이름으로 우리가 그렇게 하겠습
니다."로 대답한다.)

감　　　독 : 여러분은 열심히 기도하고, 성경을 연구하며, 하
나님과 그 나라에 대한 지식을 얻는 일에 정진하
겠습니까?

안수 받을 이들 : 아멘.(혹은 "예, 주님의 도우심으로 우리가 그렇게 하겠
습니다."로 대답한다.)

감　　　독 : 여러분은 온전한 그리스도인으로서 삶의 모범이
되어, 가족들의 신앙을 지도하겠습니까?

안수 받을 이들 : 아멘.(혹은 "예, 주님의 도우심으로 우리가 그렇게 하겠
습니다."로 대답한다.)

감　　　독 : 여러분은 주님의 몸 된 교회의 성도 앞에서 언행
에 유의하고, 사랑과 화평을 이루기 위하여 최선
을 다하겠습니까?

안수 받을 이들 : 아멘.(혹은 "예, 주님의 도우심으로 우리가 힘써 그렇게
하겠습니다."로 대답한다.)

감　　　독 : 여러분은 여러분을 지도하는 이들을 존경하고, 그
　　　　　　들의 치리를 즐거이 따르겠습니까?

안수 받을 이들 : 아멘.(혹은 "예, 주님의 도우심으로 우리가 그렇게 하겠
　　　　　　　　습니다."로 대답한다.)

감　　　독 : 여러분은 기독교대한감리회의 「교리와 장정」을 준
　　　　　　수하겠습니까?

안수 받을 이들 : 아멘.(혹은 "예, 우리가 그렇게 하겠습니다."로 대답한
　　　　　　　　다.)

감　　　독 : 여러분에게 사역을 맡기신 하나님께서 그 뜻을 성
　　　　　　취할 수 있는 힘과 지혜를 주사, 목회사역에서 승
　　　　　　리하시기를 기원합니다.

안수 받을 이들 : 아멘.

교　독 / 집례 감독과 회중

감　독 : 오소서, 성령이여. 오셔서 우리의 영혼을 일깨우소서.

회　중 : 그리고 하늘의 밝은 빛으로 비춰 주소서.

감　독 : 하나님이여, 성령의 은사로 기름 부어 주소서.

회　중 : 성령의 은사를 내려 주소서.

감　독 : 하나님의 축복은

회　중 : 위로와 생명과 사랑입니다.

감　독 : 영원한 빛으로 비추사

회　중 : 우리의 어두운 눈을 밝혀 주소서.

감　독 : 우리의 추한 얼굴에 기름을 부어 주셔서

회　중 : 주님의 은총으로 가득 차게 하소서.

감　독 : 원수들을 멀리 물리쳐 주시고, 가정에 평화를 주소서.

회　중 : 주님이 인도하시면 우리에게 악한 세력이 미치지 못합니다.

감　독 : 성부 하나님과 성자 예수 그리스도를 바로 알도록 우리를
　　　　가르치소서.

회　중 : 하나님과 아들이 한 분이심을 알게 하소서.

감　독 : 가고 오는 세대에

회　중 : 이것이 우리가 부를 끝없는 찬송입니다.

감　독 : 주님의 영원한 은총을 찬양합니다.

회　중 : 성부와 성자와 성령의 이름으로 아멘.

기　도 / 집례 감독

　천지와 만물을 창조하시고, 섭리하시는 하나님 아버지,

　주님께서 새로운 시대에 귀한 종들을 불러 주사,

　이들이 마음과 뜻과 정성을 다하여 응답하게 하심을

　감사합니다.

　이제 여기에 무릎을 꿇고 기름 부음을 받는 주님의 종들에게

　성령의 은사와 능력으로 충만히 채워 주옵소서.

　구원의 말씀을 선포하고, 성례를 행하며,

　그리스도의 이름으로 성도를 위로하고,

　이웃에게 그리스도의 사랑으로 봉사하며,

　하나님의 뜻에 합당하고 신실한 목회자가 되게 하옵소서.

　주님의 모범을 따라 겸손히 섬기게 하시고,

　신의를 지키는 제자가 되게 하시며,

　성도의 모범이 되어

그리스도를 세계 만방에 전하는 증인이 되게 하옵소서.

이 종들을 통하여 주님의 교회가 든든히 세워져가며,

부흥하게 하여 주시기를 원하오며,

교회의 머리가 되시는

예수 그리스도의 이름으로 기도합니다. 아멘.

안수례 / 집례 감독과 보좌 감독들

① 안수 받을 이들은 서기의 호명순서에 따라 보좌 목사의 안내로 안수대 앞으로 올라가 무릎을 꿇는다.

② 집례 감독이 보좌 감독, 보좌 목사와 함께 머리에 손을 얹어 안수한다. 회중은 감독의 안수례 선언에 따라 아멘으로 화답한다.

③ 목사 안수례 준비위원장이 스톨을 집례 감독에게 넘겨준다.

④ 집례 감독이 스톨을 목에 걸어주고 연회 총무는 목사 안수증을 수여한다.

⑤ 예물증정

＊안수시 문구

이제 우리가 안수함으로 이 형제(자매)에게 하나님의 교회 안에 있는 목사의 직임을 맡기노니, 성부와 성자와 성령의 이름으로 성실하게 주의 거룩한 말씀을 전파하고 성례를 행할지어다. 아멘.

선 언 / 집례 감독

이 사람들이

기독교대한감리회 제 ○○회 ○○연회에서

안수를 받고 목사가 되었음을
성부와 성자와 성령의 이름으로 선언합니다. 아멘.

권　면 / 맡은이(보좌 감독)

기　도 / 맡은이(보좌 감독)
전능하신 하나님 아버지,
이 종들을 안수하여 성별하심으로 주님의 거룩한 교회를 위하여
목사로 세워 주심을 감사합니다.
주님께서 기름 부어 세우셨으니
목사의 사명을 잘 감당할 수 있도록
성령의 충만한 은혜와 능력을 더하옵소서.
또한 이들을 거룩한 삶으로 인도해 주시고
하나님의 쓰임에 합당한 자들로 세워 주시며,
환난과 핍박 중에도 인내와 용기로
승리하게 하여 주시기를 원합니다.
이제 안수 받은 이 순간의 감격과
하나님과 회중 앞에서 서약한 결심이
일생동안 변치 않게 하시며,
죽도록 충성하는 신실한 종들이 되게 하옵소서.
주님과 하나 되게 하시고,
날마다 영생에 이르는 복된 삶을 살게 하옵소서.
사명을 감당할 수 있는 건강과 지혜를 허락하여 주시고,
가정에도 주님의 평강과 은혜로 충만하게 하옵소서.

우리의 모범이 되시는

예수 그리스도의 이름으로 기도합니다. 아멘.

찬 송 323장(통 355장) 부름 받아 나선 이 몸 / 다함께(일어서서)

　1. 부름 받아 나선 이 몸 어디든지 가오리다

　　괴로우나 즐거우나 주만 따라 가오리니

　　어느 누가 막으리까 죽음인들 막으리까

　　어느 누가 막으리까 죽음인들 막으리까

　2. 아골 골짝 빈들에도 복음 들고 가오리다

　　소돔 같은 거리에도 사랑 안고 찾아가서

　　종의 몸에 지닌 것도 아낌없이 드리리다

　　종의 몸에 지닌 것도 아낌없이 드리리다

　3. 존귀 영광 모든 권세 주님 홀로 받으소서

　　멸시 천대 십자가는 제가 지고 가오리다

　　이름 없이 빛도 없이 감사하며 섬기리다

　　이름 없이 빛도 없이 감사하며 섬기리다. 아멘.

파 송 / 집례 감독

감　　　독 : 이제 오늘 안수 받은 목사들을 파송합니다. 하나
　　　　　님과 이웃을 사랑하며, 선교와 봉사를 위해 세상
　　　　　을 향해 나아가십시오. 항상 기뻐하며, 쉬지 말고
　　　　　기도하며, 범사에 감사하십시오. 선으로 악을 이
　　　　　기고, 약한 자들의 힘이 되어 주며, 인내로 모든
　　　　　사람의 모범이 되십시오. 주님께서 인도하심 속

에, 하나님께서 여러분에게 맡기신 사명을 잘 감
당하시기 바랍니다.

안수 받은 이들 : 아멘. 주여, 우리와 동행하여 주옵소서.

축　　도 / 맡은이(보좌 감독 중)

퇴　　장 / 다함께(일어서서)
(퇴장이 끝날 때까지 일어서서 박수한다.)

연회준회원 허입예식

(연회 서기가 준회원 허입 대상자들을 한 사람씩 불러 연회 회원들 앞에 세운다.)

집례 : 감독

예식사 / 집례 감독

지금 여러분은 기독교대한감리회 준회원에 허입하기 위하여 이 자리에 나왔습니다. 이제 주님께서 여러분에게 맡기신 거룩한 사명에 평생 헌신하겠다는 결심을 다짐하기 위하여, 하나님과 연회 회원들 앞에서 성실하게 대답하시기 바랍니다.

허입을 위한 문답 / 감독과 준회원 허입 대상자들

감　　　독 : 여러분은 기독교대한감리회의 거룩한 성직에 헌 신하기로 서약합니까?

허입 대상자들 : 아멘.(혹은 "예, 우리가 주님의 도우심으로 서약합니다." 로 대답한다.)

감　　　독 : 여러분은 맡겨진 성직을 위하여 어떠한 희생도 감 당할 준비가 되었습니까?

허입 대상자들 : 아멘.(혹은 "예, 준비되었습니다."로 대답한다.)

감　　　독 : 여러분은 성직에 방해되는 친구관계나 잘못된 단

체, 술과 담배, 오락과 도박 등 모든 것을 끊어 버리기로 결심하였습니까?

허입 대상자들 : 아멘.(혹은 "예, 결심하였습니다."로 대답한다.)

감　　　독 : 여러분은 지금 감당못할 빚이나 채무보증을 선 것이 없습니까?

허입 대상자들 : 아멘.(혹은 "예, 없습니다."로 대답한다.)

감　　　독 : 여러분 중에 결혼한 분은 여러분의 소명에 대하여 배우자와 합의하였으며, 미혼자는 앞으로 결혼할 때에 성직수행에 협력할 사람으로 배우자를 신중히 선택하겠습니까?

허입 대상자들 : 아멘.(혹은 "예, 그렇게 하겠습니다."로 대답한다.)

감　　　독 : 여러분은 경건하고 절제된 생활로 믿음의 모범을 보이며, 여러분의 전 삶을 드려 맡겨진 성직에 헌신할 것을 서약합니까?

허입 대상자들 : 아멘.(혹은 "예, 서약합니다."로 대답한다.)

감　　　독 : 여러분은 이 땅에 하나님의 나라를 실현하는 것을 삶의 가장 중요한 목적으로 삼겠습니까?

허입 대상자들 : 아멘.(혹은 "예, 그렇게 하겠습니다."로 대답한다.)

감　　　독 : 여러분은 기독교대한감리회의 「교리와 장정」을 받아 들이며, 그 치리에 순종하겠습니까?

허입 대상자들 : 아멘.(혹은 "예, 그렇게 하겠습니다."로 대답한다.)

감독의 권면 / 집례 감독

기 도 / 감독

거룩하신 하나님 아버지,

여기 서 있는 이들이 주님의 부르심에 따라 교회의 성직에

헌신하기로 결심하게 하심을 감사합니다.

주님께서 이들과 함께하여 주사,

오늘의 결심을 실천할 수 있도록 믿음과 지혜를 더하여 주시며,

거룩한 직임을 잘 감당할 수 있도록 인도하옵소서.

이들이 장차 목사로 안수를 받을 때까지

능력의 손길로 붙들어 주사,

거룩한 교회의 신실한 종들이 되게 하여 주옵소서.

우리 주 예수 그리스도의 이름으로 기도합니다. 아멘.

선 언 / 감독과 연회 회원들

이제 이들이 문답에 임하여, 성실히 서약하였으니

기독교대한감리회 제 ○○회 ○○연회에서 준회원에 허입되었음을

성부와 성자와 성령의 이름으로 선언합니다.

연회 회원 여러분께서는 박수로 환영해 주시기 바랍니다.

(연회 회원들이 박수로 환영하는 가운데, 신입준회원들은 인사하고 자리로 돌아간다.)

연회정회원 허입예식

(연회 서기가 정회원 허입 대상자들을 한 사람씩 불러 연회 회원들 앞에 세운다.)

집례 : 감독

예식사 / 집례 감독

　지금 여러분은 기독교대한감리회 정회원에 허입하기 위하여 이 자리에 나왔습니다. 이제 주님께서 여러분에게 맡기신 거룩한 사명에 평생 헌신하겠다는 결심을 다짐하기 위하여, 성실과 믿음으로 허입예식에 임하시기 바랍니다.

찬　송 595장(통 372장) 나 맡은 본분은 / 다함께

　1. 나 맡은 본분은 구주를 높이고
　　　뭇 영혼 구원 얻도록 잘 인도함이라
　2. 부르심 받들어 내 형제 섬기며
　　　구주의 뜻을 따라서 내 정성 다하리
　3. 주 앞에 모든 일 잘 행케 하시고
　　　이후에 주님 뵈올 때 상 받게 하소서
　4. 나 항상 깨어서 늘 기도드리며
　　　내 믿음 변치 않도록 날 도와주소서. 아멘.

성경봉독 (에베소서 3:7~9; 4:11~15) / 맡은이

이 복음을 위하여 그의 능력이 역사하시는 대로 내게 주신 하나님의 은혜의 선물을 따라 내가 일꾼이 되었노라 모든 성도 중에 지극히 작은 자보다 더 작은 나에게 이 은혜를 주신 것은 측량할 수 없는 그리스도의 풍성함을 이방인에게 전하게 하시고 영원부터 만물을 창조하신 하나님 속에 감추어졌던 비밀의 경륜이 어떠한 것을 드러내게 하려 하심이라(에베소서 3:7~9)

그가 어떤 사람은 사도로, 어떤 사람은 선지자로, 어떤 사람은 복음 전하는 자로, 어떤 사람은 목사와 교사로 삼으셨으니 이는 성도를 온전하게 하여 봉사의 일을 하게 하며 그리스도의 몸을 세우려 하심이라 우리가 다 하나님의 아들을 믿는 것과 아는 일에 하나가 되어 온전한 사람을 이루어 그리스도의 장성한 분량이 충만한 데까지 이르리니 이는 우리가 이제부터 어린 아이가 되지 아니하여 사람의 속임수와 간사한 유혹에 빠져 온갖 교훈의 풍조에 밀려 요동하지 않게 하려 함이라 오직 사랑 안에서 참된 것을 하여 범사에 그에게까지 자랄지라 그는 머리니 곧 그리스도라(에베소서 4:11~15)

(참고 / 요한복음 10:11~18; 21:15~17; 마태복음 28:18~20)

기 도 / 집례자(또는 맡은이)

은혜로우신 하나님 아버지,
이들을 부르시어 거룩한 교회의 목사로 세우시고,
복음 전파의 사명을 감당하게 하심을 감사합니다.
이제 이들이 기독교대한감리회 정회원에 허입하기 위하여
이 자리에 나왔사오니,

주님의 은혜로 함께하사 이들의 결심을 새롭게 하옵소서.

하나님의 거룩하신 부르심에 진실히 응답하며,

성별된 삶을 살게 하셔서,

주님께 모든 영광을 돌리게 하옵소서.

또한 이들에게 성령의 은사를 충만히 부어 주사,

복음의 진리를 깊이 깨달아 주님을 더욱 사랑하게 하시며,

겸손한 마음으로 교회를 섬기고 성도를 인도하게 하옵소서.

우리 주 예수 그리스도의 이름으로 기도합니다. 아멘.

허입을 위한 문답 / 감독과 정회원 허입 대상자들

이제 우리가 하나님과 교회의 이름으로 묻는 말에 성실하게 대답하시기 바랍니다.

감　　　독 : 여러분은 하나님의 뜻에 따라 기독교대한감리회 정회원의 성직에 부름 받았음을 믿습니까?

허입 대상자들 : 아멘.(혹은 "예, 우리가 그렇게 믿습니다."로 대답한다.)

감　　　독 : 여러분은 충성을 다하여 예수 그리스도의 교훈을 준행하며, 그 도리를 가르치고, 성례를 베풀겠습니까?

허입 대상자들 : 아멘.(혹은 "예, 주님의 도우심으로 우리가 그렇게 하겠습니다."로 대답한다.)

감　　　독 : 여러분은 성경 말씀이 구원과 영생을 얻는 유일한 진리가 됨을 믿으며, 여러분이 목회하는 교인들에게 최선을 다해 성경을 가르치겠습니까?

허입 대상자들 : 아멘.(혹은 "예, 우리가 그렇게 믿고 가르치겠습니다."로 대답한다.)

감　　　　독 : 여러분은 성경에 위배되는 이단을 막고, 하나님의 말씀에 반대되는 모든 교리에 대하여 교회를 보호하는 일에 힘쓰겠습니까?

허입 대상자들 : 아멘.(혹은 "예, 주님의 이름으로 우리가 그렇게 하겠습니다."로 대답한다.)

감　　　　독 : 여러분은 성심으로 여러분 자신과 가족의 품행을 다스리고, 온전한 그리스도의 제자로서 모든 삶의 모범이 되겠습니까?

허입 대상자들 : 아멘.(혹은 "예, 주님의 도우심으로 우리가 그렇게 하겠습니다."로 대답한다.)

감　　　　독 : 여러분은 여러분을 지도하는 위치에 있는 이들을 존경하고, 그들이 하나님의 뜻에 따라 지도하고 치리할 때에 즐거이 따르겠습니까?

허입 대상자들 : 아멘.(혹은 "예, 주님의 도우심으로 우리가 그렇게 하겠습니다."로 대답한다.)

감　　　　독 : 여러분은 우리 기독교대한감리회의 「교리와 장정」을 힘써 지키겠습니까?

허입 대상자들 : 아멘.(혹은 "예, 우리가 힘써 지키겠습니다."로 대답한다.)

감독의 권면 / 집례 감독

기 도 / 집례자

거룩하신 하나님 아버지,

이 자리에 나온 주님의 종들이 하나님과 모든 연회원 앞에서 진실된 마음으로 서약하였사오니 이들을 성령으로 충만하게 하사, 지혜와 능력을 더하옵소서.

이들이 하나님의 진리를 보존하고,

순결한 생활을 유지하게 하며,

말과 행실에 모범을 보임으로 교회에 덕을 세우게 하옵소서.

또한 이들이 말씀을 선포하고 성례를 행할 때에 하나님의 구원 역사가 나타나게 하시며,

주님의 이름을 영화롭게 하여,

하나님의 나라가 확장되게 하옵소서.

우리 주 예수 그리스도의 이름으로 기도합니다. 아멘.

찬 송 516장(통 265장) 옳은 길 따르라 의의 길을 / 다함께

1. 옳은 길 따르라 의의 길을 세계 만민의 참된 길
   이 길 따라서 살기를 온 세계에 전하세 만백성이 나갈 길

2. 주 예수 따르라 승리의 주 세계 만민이 나아갈
   길과 진리요 참 생명 네 창검을 부수고 다 따르라 화평 왕

3. 놀라운 이 소식 알리어라 세계 만민을 구하려
   내 주 예수를 보내신 참 사랑의 하나님 만백성이 따를 길

4. 고난 길 헤치고 찾아온 길 많은 백성을 구한 길
   모두 나와서 믿으면 온 세상이 마침내 이 진리에 살겠네

   (후렴) 어둔 밤 지나고 동 튼다 환한 빛 보아라 저 빛

주 예수의 나라 이 땅에 곧 오겠네 오겠네.

선 언 / 감독과 연회 회원들

　　이제 이들이 문답에 임하여, 성실히 서약하였으니

　　기독교대한감리회 제 ○○회 ○○연회에서

　　정회원에 허입되었음을

　　성부와 성자와 성령의 이름으로 선언합니다.

　　연회 회원 여러분께서는 박수로 환영해 주시기 바랍니다.

(연회 회원들이 박수로 환영하는 가운데, 신입정회원들은 인사하고 자리
로 돌아간다.)

장로안수예식

(지방회 서기가 안수 받을 이들을 앞자리에 불러 앉게 한 후, 감리사가 집례한다.)

집례 : 감리사

조용한 기도(전주) / 다함께

기 원 / 집례자
존귀하신 하나님 아버지,
예수 그리스도의 희생을 통하여 교회를 세우시고,
주님의 종들에게 안수하심으로 봉사의 사명을 감당하게 하심을
감사합니다.
이제 우리가 기독교대한감리회 「교리와 장정」에 따라,
○○지방회 장로 안수식를 행하오니 성령께서 이 예식에 임재
하사,
주님의 은혜가 넘치는 자리가 되게 하여 주옵소서.
교회의 머리가 되시는
예수 그리스도의 이름으로 기원합니다. 아멘.

찬 송 595장(통 372장) 나 맡은 본분은 / 다함께

1. 나 맡은 본분은 구주를 높이고
   뭇 영혼 구원 얻도록 잘 인도함이라
2. 부르심 받들어 내 형제 섬기며
   구주의 뜻을 따라서 내 정성 다하리
3. 주 앞에 모든 일 잘 행케 하시고
   이후에 주님 뵈올 때 상 받게 하소서
4. 나 항상 깨어서 늘 기도드리며
   내 믿음 변치 않도록 날 도와주소서. 아멘.

기 도 / 맡은이

(기도를 맡은이는 상황에 따라 기도의 내용을 자유롭게 가감할 수 있다.)

교회의 머리가 되시는 주님,

주님의 인도하심으로,

○○지방회 장로 안수식을 거행하게 하심을 감사합니다.

이 시간 우리가 주님의 이름으로 이들에게 안수하고자 하오니,

하나님께서 모든 영광을 받으시고,

주님께서 은혜로 함께하여 주옵소서.

이제 안수 받는 장로들에게 성령의 은사로 충만히 채워 주사,

하나님을 경외하고, 순종하는 믿음으로 주님의 몸 된 교회와

교역자와 성도를 섬기게 하옵소서.

그리하여 맡겨진 사명에 죽도록 충성하며,

성도에게 헌신의 모범을 보여

교회 부흥의 통로가 되게 하옵소서.

또한 세상 사람에게도 칭찬을 듣고

많은 사람을 주 앞으로 인도하는 종들이 되게 하옵소서.

그리고 이들의 가정에 복을 주시고, 직장을 지키시고

사업을 번성하게 하사,

교회를 섬기는 일에 부족함이 없도록 인도하옵소서.

이제 이 예식에 참여한 우리 모두 주님의 말씀과 예식을 통하여

새로운 깨달음을 얻으며,

감사와 믿음으로 응답하는 시간이 되기를 간절히 원하오며,

우리 주 예수 그리스도의 이름으로 기도합니다. 아멘.

성경봉독 (로마서 12:1~8) / 맡은이

그러므로 형제들아 내가 하나님의 모든 자비하심으로 너희를 권하노니 너희 몸을 하나님이 기뻐하시는 거룩한 산 제물로 드리라 이는 너희가 드릴 영적 예배니라 너희는 이 세대를 본받지 말고 오직 마음을 새롭게 함으로 변화를 받아 하나님의 선하시고 기뻐하시고 온전하신 뜻이 무엇인지 분별하도록 하라 내게 주신 은혜로 말미암아 너희 각 사람에게 말하노니 마땅히 생각할 그 이상의 생각을 품지 말고 오직 하나님께서 각 사람에게 나누어 주신 믿음의 분량대로 지혜롭게 생각하라 우리가 한 몸에 많은 지체를 가졌으나 모든 지체가 같은 기능을 가진 것이 아니니 이와 같이 우리 많은 사람이 그리스도 안에서 한 몸이 되어 서로 지체가 되었느니라 우리에게 주신 은혜대로 받은 은사가 각각 다르니 혹 예언이면 믿음의 분수대로, 혹 섬기는 일이면 섬기는 일로, 혹 가르치는 자면 가르치는 일로, 혹 위로하는 자면 위로하는 일로, 구제하는 자는 성실함으로, 다스리는 자는 부지런함으로, 긍휼을 베푸는 자는 즐거움

으로 할 것이니라

(참고 / 베드로전서 5:1~4; 사도행전 16:1~5; 디모데전서 5:17~22)

찬 양 / 찬양대

말씀선포 / 집례자(또는 맡은이)

문 답 / 감리사(감독)와 안수 받을 이들
(서기가 안수 받을 이들을 한 사람씩 불러 앞에 세운 후에 감리사가 묻고, 안수 받을 이들이 대답한다. 감독이 집례할 수도 있다.)

안수 받을 이들에게

감　리　사 : 사랑하는 이들이여, 여러분은 하나님의 특별한 부르심과 택함을 받았으며, 성도의 신임을 입어 장로로 세움을 받았습니다. 이제 제가 하나님과 교회의 이름으로 여러분에게 묻는 말에 성실하게 대답하시기 바랍니다.

감　리　사 : 여러분은 장로의 직분에 부름 받은 것이 하나님의 뜻에 의한 것임을 믿습니까?

안수 받을 이들 : 아멘.(혹은 "예, 그렇게 믿습니다."로 대답한다.)

감　리　사 : 여러분은 성부 성자 성령의 삼위일체이신 하나님을 믿으며, 예수 그리스도께서 우리의 구세주이심과, 교회의 머리가 되심을 믿습니까?

안수 받을 이들 : 아멘.(혹은 "예, 그렇게 믿습니다."로 대답한다.)

감　리　사 : 여러분은 파송받은 교회에서 담임교역자의 목회를 돕는 일에 물심양면으로 헌신하겠습니까?

안수 받을 이들 : 아멘.(혹은 "예, 힘써 헌신하겠습니다."로 대답한다.)

감　리　사 : 여러분은 온 성도에게 믿음의 모범이 되고, 사랑과 평화가 넘치는 교회가 되도록 최선을 다하겠습니까?

안수 받을 이들 : 아멘.(혹은 "예, 힘써 노력하겠습니다."로 대답한다.)

감　리　사 : 여러분은 열심히 성경을 연구하여 성경에 위배되는 이단을 막아내고, 때를 얻든지 못 얻든지 항상 전도에 힘쓰겠습니까?

안수 받을 이들 : 아멘.(혹은 "예, 주님의 도우심으로 열심히 전도하겠습니다."로 대답한다.)

감　리　사 : 여러분은 기독교대한감리회의 「교리와 장정」을 준수하며, 장로의 직책과 의무를 성실히 준행하겠습니까?

안수 받을 이들 : 아멘.(혹은 "예, 힘써 그렇게 하겠습니다."로 대답한다.)

지방회 회원들에게

감　리　사 : 여러분이 택하여 세운 이 사람들을 우리 지방회의 장로로 받아들이고, 그들을 존경하고 협조하며 따르기로 인정하신다면, 오른손을 들어 응답하시기 바랍니다.

기 도 / 집례자

은혜로우신 하나님 아버지,

오늘 안수 받는 장로들이 맡겨진 사명에 최선을 다하기로 결심하였사오니,

이 결심이 변하지 않게 하옵소서.

또한 성령께서 이들이 온 성도의 모범이 될 수 있도록

은혜를 더하여 주사,

이들을 통하여 교회 부흥의 역사가 끊임없이 일어나게 하옵소서.

우리 주 예수 그리스도의 이름으로 기도합니다. 아멘.

안 수 / 집례자와 안수위원들

(안수 받을 이들이 한 사람씩 앞으로 나와서 지정된 자리에 무릎을 꿇은 후, 집례자는 안수위원과 함께 안수 받을 이들의 머리에 손을 얹고 다음과 같이 말하며 안수한다.)

이제 우리가 이 형제(자매)에게 성부와 성자와 성령의 이름으로 안수하여 하나님의 교회 안에 있는 장로의 직임을 맡기노니, 그 맡겨진 사명에 따라 장로의 직임을 행할지어다. 아멘.

선 포 / 집례자

이제 이 사람들이 기독교대한감리회 「교리와 장정」에 따라, 장로로 안수 받았음을 성부와 성자와 성령의 이름으로 선포합니다. 아멘.

안수증 수여 / 집례자

안수 받은 장로와 교회에 부탁하는 말씀 / 감리사(또는 맡은이)

답사와 인사 / 안수 받은 장로 대표

알리는 말씀 / 맡은이

찬 송 450장(통 376장) 내 평생 소원 이것뿐 / 다함께
   1. 내 평생 소원 이것뿐 주의 일하다가
      이 세상 이별하는 날 주 앞에 가리라
   2. 꿈같이 헛된 세상 일 취할 것 무어냐
      이 수고 암만 하여도 헛된 것뿐일세
   3. 불 같은 시험 많으나 겁내지 맙시다
      구주의 권능 크시니 이기고 남겠네
   4. 금보다 귀한 믿음은 참 보배 되도다
      이 진리 믿는 사람들 다 복을 받겠네
   5. 살같이 빠른 광음을 주 위해 아끼세
      온 몸과 맘을 바치고 힘써서 일하세. 아멘.

축 도 / 감리사(또는 맡은이)

Ⅵ. 취임 · 이임 · 은퇴
파송 · 임명

감독취임예식

(총회 중에 신임감독 취임을 행할 때에 사용한다.)

집례 : 감독회장

조용한 기도(전주) / 다함께

입례송 36장(통 36장) 주 예수 이름 높이어 / 다함께(일어서서)
1. 주 예수 이름 높이어 다 찬양하여라
   금 면류관을 드려서 만유의 주 찬양
   금 면류관을 드려서 만유의 주 찬양
2. 주 예수 당한 고난을 못 잊을 죄인아
   네 귀한 보배 바쳐서 만유의 주 찬양
   네 귀한 보배 바쳐서 만유의 주 찬양
3. 이 지구 위에 거하는 온 세상 사람들
   그 크신 위엄 높여서 만유의 주 찬양
   그 크신 위엄 높여서 만유의 주 찬양
4. 주 믿는 성도 다함께 주 앞에 엎드려
   무궁한 노래 불러서 만유의 주 찬양
   무궁한 노래 불러서 만유의 주 찬양. 아멘.

(입례송을 부르는 동안, 현직감독들과 신임감독들이 행진하여 입장한다. 행진은 십자가, 태극기, 교단기, 각 연회기, 현직감독회장, 각 연회의 현직감독들, 신임감독회장, 각 연회의 신임감독 순으로 한다. 찬양대는 예배 시작 전에 미리 찬양대석에 정렬하여, 입례송을 부른다.)

예배로 부름과 기원 / 집례자

예수께서 나아와 말씀하여 이르시되 하늘과 땅의 모든 권세를 내게 주셨으니 그러므로 너희는 가서 모든 민족을 제자로 삼아 아버지와 아들과 성령의 이름으로 세례를 베풀고 내가 너희에게 분부한 모든 것을 가르쳐 지키게 하라 볼지어다 내가 세상 끝날까지 너희와 항상 함께 있으리라 하시니라(마태복음 28:18~20)

교회의 머리가 되시는 주님,
반석이신 예수 그리스도 위에 교회를 세우고,
기독교대한감리회를 사랑하셔서
신실한 하나님의 종들을 택하여
감독의 직무를 맡겨 주심을 감사합니다.
오늘의 감독취임예식을 통하여
우리가 그리스도를 따르는 한 제자요,
주님의 몸 된 한 교회를 섬기는
동역자임을 깨닫게 하여 주옵소서.
이 예식 위에 성령께서 임재하여 주시기를 원하오며,
우리 주 예수 그리스도 이름으로 기원합니다. 아멘.

신앙고백(감리회 신앙고백) / 다함께(일어서서)

집례자 : 우리는 우주 만물을 창조하시고 섭리하시며 주관하시는 거룩하시고 자비하시며 오직 한 분이신 아버지 하나님을 믿습니다.

회　중 : 우리는 말씀이 육신이 되어 우리 가운데 오셔서 하나님의 나라를 선포하시고 십자가에 달려 죽으셨다가 부활승천 하심으로 대속자가 되시고 구세주가 되시는 예수 그리스도를 믿습니다.

집례자 : 우리는 우리와 함께 계셔서 우리를 거듭나게 하시고 거룩하게 하시며 완전하게 하시며 위안과 힘이 되시는 성령을 믿습니다.

회　중 : 우리는 성령의 감동으로 기록된 하나님의 말씀인 성경이 구원에 이르는 도리와 신앙생활에 충분한 표준이 됨을 믿습니다.

집례자 : 우리는 하나님의 은혜로 믿음을 통해 죄 사함을 받아 거룩해지며 하나님의 구원의 역사에 동참하도록 부름 받음을 믿습니다.

회　중 : 우리는 예배와 친교, 교육과 봉사, 전도와 선교를 위해 하나가 된 그리스도의 몸인 교회를 믿습니다.

집례자 : 우리는 만민에게 복음을 전파함으로 하나님의 정의와 사랑을 나누고 평화의 세계를 이루는 모든 사람들이 하나님 앞에 형제 됨을 믿습니다.

회　중 : 우리는 예수 그리스도의 재림과 심판, 우리 몸의 부활과 영생 그리고 의의 최후 승리와 영원한 하나님 나라를 믿습니다. 아멘.

기 도 / 맡은이

(회중이 앉은 후에 기도한다. 기도를 맡은이는 상황에 따라 기도의 내용
을 자유롭게 가감할 수 있다.)

　　전능하신 하나님 아버지,

　　주님이 쓰시기에 합당한 종들을 택하셔서,

　　새로운 감독의 직무를 맡겨 주심을 감사합니다.

　　오늘 취임하는 감독들에게 성령의 충만한 은혜를 내려 주사,

　　감독의 직임을 감당하기에 조금도 부족함이 없게 하옵소서.

　　또한 이들이 소속한 연회와 교회가 한 마음 한 뜻으로

　　거룩한 교회의 법도를 잘 수행하게 하옵소서.

　　이제 기독교대한감리회의 모든 교역자가

　　감독의 사도적 권위를 존중하고,

　　주님의 일에 협력함으로 하나님의 뜻을 이루게 하옵소서.

　　교회의 머리이신

　　우리 주 예수 그리스도의 이름으로 기도합니다. 아멘.

성경봉독(디도서 1:7~10) / 맡은이

　감독은 하나님의 청지기로서 책망할 것이 없고 제 고집대로 하
지 아니하며 급히 분내지 아니하며 술을 즐기지 아니하며 구타하
지 아니하며 더러운 이득을 탐하지 아니하며 오직 나그네를 대접
하며 선행을 좋아하며 신중하며 의로우며 거룩하며 절제하며 미쁜
말씀의 가르침을 그대로 지켜야 하리니 이는 능히 바른 교훈으로

권면하고 거슬러 말하는 자들을 책망하게 하려 함이라

(참고 / 사도행전 20:28~32; 요한복음 21:15~17)

찬 양 / 찬양대

소 개 / 총회 서기

(총회 서기가 신임 감독들을 다음과 같이 소개한다.)

　기독교대한감리회 제 ○○회 총회에서 감독으로 선출된 ○○○, ○○○, ……, ○○○, ○○○ 목사를 소개합니다.

기 도 / 감독회장

　보혈의 공로 위에 교회를 세우신 하나님 아버지,

　이제 감독의 직무에 부름 받은 주님의 종들에게

　은혜와 권능이 충만하게 하옵소서.

　순결의 옷을 입혀 주시고 진리의 띠를 매어 주시며

　인자한 말과 아름다운 행실로 인도하셔서,

　주님께는 영광을 돌리고 교회에는 덕을 세우며

　세상에는 빛을 비추는 감독이 되게 하옵소서.

　우리 주 예수 그리스도의 이름으로 기도합니다. 아멘.

감독 취임 문답 / 감독회장과 신임감독들

감독 회장 : 교회를 치리하는 감독의 직임은 매우 거룩한 성직이기
　　　　　에, 이 귀한 직무를 여러분에게 맡기기 전에 다음과 같
　　　　　이 묻습니다. 진실된 마음으로 대답하시기 바랍니다.

감독회장 : 여러분은 기독교대한감리회 감독의 직임에 부름 받은 것이 주님의 뜻임을 믿습니까?

신임감독들 : 아멘.(혹은 "예, 우리가 그렇게 믿습니다."로 대답한다.)

감독회장 : 여러분은 기독교대한감리회의 「교리와 장정」을 합법적인 것으로 받아들이고 준수하겠습니까?

신임감독들 : 아멘.(혹은 "예, 우리가 준수하겠습니다."로 대답한다.)

감독회장 : 여러분은 끊임없이 예수 그리스도의 진리를 추구하며, 하나님 말씀에 어긋나는 모든 거짓된 교리와 이단에서 교회를 보호하겠습니까?

신임감독들 : 아멘.(혹은 "예, 주님의 도우심으로 우리가 그렇게 하겠습니다."로 대답한다.)

감독회장 : 여러분은 경건한 믿음으로 교회와 성도의 모범이 되며, 하나님께 모든 존귀와 영광을 돌리겠습니까?

신임감독들 : 아멘.(혹은 "예, 주님의 도우심으로 우리가 그렇게 하겠습니다."로 대답한다.)

감독회장 : 여러분은 교회의 질서와 평화를 유지하며, 부흥 성장을 위해 힘쓸 뿐 아니라, 세상을 향한 교회의 사회적 사명을 다하도록 교역자들을 지도하겠습니까?

신임감독들 : 아멘.(혹은 "예, 주님의 도우심으로 우리가 그렇게 하겠습니다."로 대답한다.)

감독회장 : 여러분은 복음의 진리를 올바로 보존하고, 교회의 법을 공정하게 집행하며, 목사 안수와 임명의 책임을 성실히 수행하겠습니까?

신임감독들 : 아멘.(혹은 "예, 주님의 도우심으로 우리가 그렇게 하겠습

다."로 대답한다.)

감독회장 : 여러분은 감독의 직무를 행할 때에 개인적인 이해관계
　　　　　를 떠나, 공정하게 직무를 수행하겠습니까?

신임감독들 : 아멘.(혹은 "예, 우리가 그렇게 하겠습니다."로 대답한다.)

감독 선서 / 신임감독회장과 감독들

* 감독회장 취임선서

(신임감독회장이 다음과 같이 선서한다.)

"나는 기독교대한감리회의 「교리와 장정」을 준수하고, 감리교회
의 부흥과 발전을 위하여 감독회장의 직임을 성실히 수행할 것을
하나님과 모든 교역자와 성도 앞에서 엄숙히 선서합니다."

* 감독 취임선서

(신임감독들이 다음과 같이 선서한다.)

"나는 기독교대한감리회의 「교리와 장정」을 준수하고, 연회의
부흥과 발전을 위하여 감독의 직임을 성실히 수행할 것을 하나님
과 모든 교역자와 성도 앞에서 엄숙히 선서합니다."

기 도 / 감독회장

거룩하신 하나님 아버지,

감독에 취임하는 이들이 문답과 선서를 통하여

기독교대한감리회를 위해 충성을 다할 것을 결심하였사오니,

오늘의 결심을 실천에 옮길 수 있는

민음과 지혜와 힘을 더하옵소서.

우리 주 예수 그리스도의 이름으로 기도합니다. 아멘.

회원문답 / 감독회장과 총회 회원

(감독회장이 총회 회원에게 묻고 총회 회원은 대답하는 표로 오른손을 들며, '아멘'으로 대답한다.)

감독회장 : 총회 회원 여러분, 새로 선출된 감독들에 대하여 여러분의 의사를 확인하고자 하오니, 묻는 말에 오른손을 들고 '아멘'으로, 성실하게 대답하시기 바랍니다.

감독회장 : 여러분은 ○○○, ○○○, ……, ○○○, ○○○ 목사가 합법적으로 감독에 당선되었음을 승인합니까?

회   원 : (총회 회원은 승인하는 표로 오른손을 든다.) 아멘.(혹은 "예, 우리가 승인합니다."로 대답한다.)

감독회장 : 여러분은 신임 감독들이 자신의 직무를 성실히 수행할 수 있도록, 모든 일에 협력을 다할 것을 약속합니까?

회   원 : (총회 회원은 약속하는 표로 오른손을 든다.) 아멘.(혹은 "예, 우리가 약속합니다."로 대답한다.)

감독회장 : 여러분은 감독들을 교회의 지도자로 존경하며, 그들의 지도를 성실히 따르겠습니까?

회   원 : (총회 회원은 약속하는 표로 오른손을 든다.) 아멘.(혹은 "예, 우리가 따르겠습니다."로 대답한다.)

기 도 / 감독회장

전능하신 하나님 아버지,
총회의 회원들이 문답을 통하여 은혜로운 결단을 하였사오니,
오늘 대답한 모든 것이 그리스도 안에서 참되게 하시고,
그들이 결심한 것을 실천에 옮길 수 있도록
믿음과 지혜와 힘을 더하여 주옵소서.
우리 주 예수 그리스도의 이름으로 기도합니다. 아멘.

선 언 / 감독회장

교회의 머리가 되시는 예수 그리스도의 이름과
이 총회의 권한에 의거하여
○○○ 목사, ○○○ 목사, ……, ○○○ 목사, ○○○ 목사가
합법적으로 기독교대한감리회의 감독으로 취임한 것을
선언합니다. 아멘.

감독스톨, 펜던트 및 배지(badge), 꽃다발 전달 / 맡은이

취임 감독에게 부탁하는 말씀 / 맡은이

교회에게 부탁하는 말씀 / 맡은이
(취임 감독과 교회에 부탁하는 말씀을 각각 다른 사람이 하거나 한 사람
이 할 수도 있다.)

감사의 인사 / 취임 감독 대표

기　도 / 맡은이
(감독회장이 다음과 같이 말한 후에, 전임 감독들이 순서를 맡아 기도한다.)
감독회장 : 총회 회원 여러분, 오늘 취임하는 감독들이 하나님과
　　　　　　교회 앞에서 그 맡겨진 직무를 잘 감당할 수 있도록 우
　　　　　　리 모두 기도합시다.

기도 1 (전임 감독 중에서)
자비로우신 하나님 아버지,
독생자 예수 그리스도를 우리의 구세주로 보내 주시고,
교회를 위하여
사도와 예언자와 전도인과 목사와 교사들을 세워 주심을
감사합니다.
기독교대한감리회의
감독으로 취임하는 이들에게 은혜를 베푸사
저들이 주님의 복음을 널리 전파하게 하시며,
사랑과 겸손으로 교회를 섬기며 봉사하게 하옵소서.
우리 주 예수 그리스도의 이름으로 기도합니다. 아멘.

기도 2 (전임 감독 중에서)
은혜로우신 하나님 아버지,
새로운 책임을 맡은 감독들에게 은총을 내리사
지혜롭고 충성스러운 청지기와 같이

주님의 교회를 다스리게 하옵소서.
직임을 감당하는 중에 어려움에 처할 때마다
보혜사 성령께서 위로와 힘을 주셔서,
소망과 용기를 잃지 않게 하시며,
더욱 굳건한 믿음으로 직임을 감당하게 하옵소서.
우리 주 예수 그리스도의 이름으로 기도합니다. 아멘.

기도 3 (전임 감독 중에서)
전능하신 하나님 아버지,
이제 기독교대한감리회에 속한 모든 교회를 위하여 기도하오니,
진정한 그리스도의 몸 된 교회가 되어
살아 역사하시는 주님을 증거하게 하옵소서.
교회의 모든 사업을 통하여 정의와 평화가 실현되게 하시고,
하나님의 창조질서를 아름답게 보전하게 하옵소서.
또한 주님의 교회들 안에 분쟁이 없게 하시고
성령께서 하나 되게 하신 것을 힘써 지키며,
선교와 봉사의 사명을 온전히 감당함으로
하나님의 뜻이 이루어지게 하옵소서.
우리 주 예수 그리스도의 이름으로 기도합니다. 아멘.

취임사 / 신임감독회장

축하문 또는 축전 낭독 / 총회 서기

찬 송 595장(통 372장) 나 맡은 본분은 / 다함께(일어서서)

　1. 나 맡은 본분은 구주를 높이고
　　　뭇 영혼 구원 얻도록 잘 인도함이라
　2. 부르심 받들어 내 형제 섬기며
　　　구주의 뜻을 따라서 내 정성 다하리
　3. 주 앞에 모든 일 잘 행케 하시고
　　　이후에 주님 뵈올 때 상 받게 하소서
　4. 나 항상 깨어서 늘 기도드리며
　　　내 믿음 변치 않도록 날 도와주소서. 아멘.

축 도 / 신임감독회장

담임목사취임예식

조용한 기도(전주) / 다함께

기 원 / 집례자

교회의 머리가 되시는 주님,

주님의 몸 된 교회의 사명을 위하여 목사를 세우시니 감사합니다.

이 시간 사도적 전통을 계승하여 기독교대한감리회 「교리와 장
정」에 따라,

○○연회 ○○지방회 ○○구역 ○○교회 담임목사 취임예식을
행하려 하오니,

성령께서 임재하여 주옵소서.

우리 주 예수 그리스도의 이름으로 기원합니다. 아멘.

찬 송 35장(통 50장) 큰 영화로신 주 / 다함께(일어서서)

　1. 큰 영화로신 주 이곳에 오셔서

　　이 모인 자들로 주 백성 삼으사

　　그중에 항상 계시고 그중에 항상 계시고

　　큰 영광 나타내소서

　2. 이 백성 기도와 또 예물 드림이

향내와 같으니 곧 받으옵소서
주 예수 크신 복음을 주 예수 크신 복음을
만백성 듣게 하소서

3. 또 우리 자손들 다 주를 기리고
저 성전 돌같이 긴하게 하소서
주 구원하신 능력을 주 구원하신 능력을
늘 끝날까지 주소서

4. 주 믿는 만민이 참 진리 지키며
옛 성도들같이 주 찬송하다가
저 천국 보좌 앞에서 저 천국 보좌 앞에서
늘 찬송하게 하소서. 아멘.

신앙고백 (감리회 신앙고백) / 다함께(일어서서)

집례자 : 우리는 우주 만물을 창조하시고 섭리하시며 주관하시는
거룩하시고 자비하시며 오직 한 분이신 아버지 하나님을
믿습니다.

회　중 : 우리는 말씀이 육신이 되어 우리 가운데 오셔서 하나님의
나라를 선포하시고 십자가에 달려 죽으셨다가 부활승천 하
심으로 대속자가 되시고 구세주가 되시는 예수 그리스도를
믿습니다.

집례자 : 우리는 우리와 함께 계셔서 우리를 거듭나게 하시고 거룩
하게 하시며 완전하게 하시며 위안과 힘이 되시는 성령을
믿습니다.

회　중 : 우리는 성령의 감동으로 기록된 하나님의 말씀인 성경이

구원에 이르는 도리와 신앙생활에 충분한 표준이 됨을 믿습니다.

집례자 : 우리는 하나님의 은혜로 믿음을 통해 죄 사함을 받아 거룩해지며 하나님의 구원의 역사에 동참하도록 부름 받음을 믿습니다.

회　중 : 우리는 예배와 친교, 교육과 봉사, 전도와 선교를 위해 하나가 된 그리스도의 몸인 교회를 믿습니다.

집례자 : 우리는 만민에게 복음을 전파함으로 하나님의 정의와 사랑을 나누고 평화의 세계를 이루는 모든 사람들이 하나님 앞에 형제 됨을 믿습니다.

회　중 : 우리는 예수 그리스도의 재림과 심판, 우리 몸의 부활과 영생 그리고 의의 최후 승리와 영원한 하나님 나라를 믿습니다. 아멘.

송　영 5장(통 3장) 이 천지간 만물들아 / 다함께(일어서서)

　　이 천지간 만물들아 복 주시는 주 여호와

　　전능 성부 성자 성령 찬송하고 찬송하세. 아멘.

기　도 / 맡은이

(회중이 앉은 후에 기도한다. 기도를 맡은이는 상황에 따라 기도의 내용을 자유롭게 가감할 수 있다.)

　　은혜로우신 하나님 아버지,

　　이곳에 ○○교회를 세우시고

　　하나님의 구원사역을 이루게 하심을 감사합니다.

이제 이 교회의 담임목사로 취임하는 ○ ○ ○ 목사에게

성령의 충만한 은혜를 입혀 주셔서,

교회를 이끌어 나아가기에 부족함이 없게 하시고,

복음을 선포할 때에 구원의 능력이 나타나게 하시며,

성례를 행할 때에 천국의 신비가 드러나게 하옵소서.

또한 기도할 때마다

온전하신 하나님의 뜻이 이루어지게 하옵소서.

특별히 ○ ○ ○ 목사에게 성령의 권능과 은사로 충만하게 하셔서

성도에게 생명의 양식을 먹이는 일과

주님의 자녀들을 복음으로 거듭나도록 지도하는 일과,

성결한 하나님의 백성으로 인도하는 일에

선한 목자가 되게 하옵소서.

이제 담임목사의 취임을 축하하며 기뻐하는 성도에게

사랑과 섬김의 믿음을 충만히 채워 주셔서,

담임목사를 도와 협력하고 주님의 몸 된 교회에 헌신함으로

이 교회가 더욱 성장하게 하옵소서.

우리 주 예수 그리스도의 이름으로 기도합니다. 아멘.

성경봉독(고린도전서 4:1~5) / 맡은이

사람이 마땅히 우리를 그리스도의 일꾼이요 하나님의 비밀을 맡은 자로 여길지어다 그리고 맡은 자들에게 구할 것은 충성이니라 너희에게나 다른 사람에게나 판단 받는 것이 내게는 매우 작은 일이라 나도 나를 판단하지 아니하노니 내가 자책할 아무 것도 깨닫지 못하나 이로 말미암아 의롭다 함을 얻지 못하노라 다만 나를 심

판하실 이는 주시니라 그러므로 때가 이르기 전 곧 주께서 오시기까지 아무 것도 판단하지 말라 그가 어둠에 감추인 것들을 드러내고 마음의 뜻을 나타내시리니 그 때에 각 사람에게 하나님으로부터 칭찬이 있으리라

(참고 / 골로새서 1:24~29)

찬 양 / 찬양대

말씀선포 / 감독(또는 감리사)

소 개 / 감독(또는 감리사)
　기독교대한감리회「교리와 장정」에 따라 ○○교회 구역회에서 결의하고, 감독의 파송을 받아 본 교회 담임목사로 취임하는 ○○○ 목사를 여러분에게 소개합니다. 기쁨으로 환영해 주시기 바랍니다.

목사 취임 문답 / 감독(또는 감리사)

　취임 목사에게 (취임 목사는 오른손을 들고, '아멘'으로 서약한다.)
집 례 자 : 당신은 하나님의 뜻을 받들어 이 교회를 담임하고, 기독교대한감리회「교리와 장정」에 따라 교회를 치리하며, 충성을 다해 섬기기로 서약합니까?
취임 목사 : 아멘.(혹은"예, 서약합니다."로 대답한다.)
집 례 자 : 당신은 경건한 생활로 모든 성도에게 본이 되어 교회의 덕을 세우며, 담임목사의 직무를 성실히 수행하며, 주

님의 말씀을 바르게 선포하고, 성례를 행할 것을 서약
합니까?

취임 목사 : 아멘.(혹은 "예, 서약합니다." 로 대답한다.)

집 례 자 : 당신은 본 교회의 성도를 진심으로 사랑하여 올바르게
　　　　　교육하고, 교회의 평화를 도모하며, 교회의 부흥과 발
　　　　　전을 위하여 최선을 다할 것을 서약합니까?

취임 목사 : 아멘.(혹은 "예, 서약합니다." 로 대답한다.)

교인들에게 (교인들은 일어서서, '아멘'으로 서약한다.)

집례자 : 여러분은 ○○○ 목사의 담임목사 취임을 기쁜 마음으로
　　　　받아들여, 그를 섬기기로 서약합니까?

교인들 : 아멘.(혹은 "예, 서약합니다." 로 대답한다.)

집례자 : 여러분은 목사의 교훈하는 진리를 따르며 치리에 복종하
　　　　고, 목회사역의 모든 일에 협력하기로 서약합니까?

교인들 : 아멘.(혹은 "예, 서약합니다." 로 대답한다.)

기 도 / 감독(또는 감리사)

　　은혜로우신 하나님 아버지,
　　오늘 취임하는 목사와 ○○교회 모든 성도가
　　서로 사랑하고 협력함으로 교회의 사명에 최선을 다하기로
　　결심하였사오니
　　이 결심이 변치 않게 하시고,
　　언제나 평화롭고 은혜로운 교회가 되어
　　하나님께 영광을 돌리게 하옵소서.

우리 주 예수 그리스도의 이름으로 기도합니다. 아멘.

선 언 / 감독(또는 감리사)

기독교대한감리회 「교리와 장정」에 따라
이 교회의 성도가 결의한 대로,
○○○ 목사가 ○○교회의 담임목사로 취임한 것을
성부와 성자와 성령의 이름으로 선언합니다. 아멘.

담임목사에게 부탁할 말씀 / 맡은이

교회(교인)에게 부탁할 말씀 / 맡은이

감사의 인사 / 취임 목사

알리는 말씀 / 맡은이

찬 송 210장(통 245장) 시온성과 같은 교회 / 다함께(일어서서)

1. 시온성과 같은 교회 그의 영광 한없다
   허락하신 말씀대로 주가 친히 세웠다
   반석 위에 세운 교회 흔들 자가 누구랴
   모든 원수 에워싸도 아무 근심 없도다
2. 생명 샘이 솟아나와 모든 성도 마시니
   언제든지 흘러넘쳐 부족함이 없도다
   이런 물이 흘러가니 목마를 자 누구랴

주의 은혜 풍족하여 넘치고도 넘친다
3. 주의 은혜 내가 받아 시온 백성 되는 때
세상 사람 비방해도 주를 찬송하리라
세상 헛된 모든 영광 아침 안개 같으나
주의 자녀 받을 복은 영원무궁하도다. 아멘.

축 도 / 맡은이

장로취임예식

조용한 기도(전주) / 다함께

기 원 / 집례자
　존귀하신 하나님 아버지,
　예수 그리스도를 만인의 구세주로 보내 주시고,
　주님의 교회를 세우심을 감사합니다.
　이제 우리가 기독교대한감리회의 규례에 따라 장로취임예식을
　행하려 하오니,
　성령께서 이 취임식에 임재하여 주사,
　은혜와 기쁨이 넘치는 예식이 되게 하시고,
　여기 모인 모든 이가 귀중한 사명을 깨닫는 시간이 되게 하옵소서.
　우리 주 예수 그리스도의 이름으로 기원합니다. 아멘.

찬 송 208장(통 246장) 내 주의 나라와 / 다함께(일어서서)
　1. 내 주의 나라와 주 계신 성전과
　　피 흘려 사신 교회를 늘 사랑합니다
　2. 내 주의 교회는 천성과 같아서
　　눈동자 같이 아끼사 늘 보호하시네

3. 이 교회 위하여 눈물과 기도로
   내 생명 다하기까지 늘 봉사합니다
4. 성도의 교제와 교회의 위로와
   구주와 맺은 언약을 늘 기뻐합니다
5. 하늘의 영광과 베푸신 은혜가
   진리와 함께 영원히 시온에 넘치네. 아멘.

교 독 교독문 107번(통 76번) 임직식(1) / 다함께(일어서서)

집례자 : 이에 제자들에게 이르시되 추수할 것은 많되 일꾼이 적으니

회 중 : 그러므로 추수하는 주인에게 청하여 추수할 일꾼들을 보내
        주소서 하라 하시니라

집례자 : 그가 또한 우리를 새 언약의 일꾼 되기에 만족하게 하셨으
        니 율법 조문으로 하지 아니하고

회 중 : 오직 영으로 함이니 율법 조문은 죽이는 것이요 영은 살리
        는 것이니라

집례자 : 나를 능하게 하신 그리스도 예수 우리 주께 내가 감사함은
        나를 충성되이 여겨 내게 직분을 맡기심이니

회 중 : 우리 주의 은혜가 그리스도 예수 안에 있는 믿음과 사랑과
        함께 넘치도록 풍성하였도다

집례자 : 그 주인이 이르되 잘하였도다 착하고 충성된 종아 네가 적
        은 일에 충성하였으매

회 중 : 내가 많은 것을 네게 맡기리니 네 주인의 즐거움에 참여할
        지어다 하고

다함께 : 그리고 맡은 자들에게 구할 것은 충성이니라

송 영 2장(통 6장) 찬양 성부 성자 성령 / 다함께(일어서서)

찬양 성부 성자 성령 성삼위일체께

영원무궁하기까지 영광을 돌리세 영광을 돌리세. 아멘.

기 도 / 맡은이

(회중이 앉은 후에 맡은이가 기도한다. 기도를 맡은이는 상황에 따라 기도의 내용을 자유롭게 가감할 수 있다.)

은혜로우신 하나님 아버지,

예수 그리스도를 통하여 우리에게 베풀어 주신 구속의 은혜에 감사합니다.

이제 주님의 몸된 교회를 섬기게 하시려고

○○○ 장로를 (○○○, ○○○, …… 장로들을) 세우셨으니,

취임하는 장로(들)에게 성령의 은혜를 충만히 부어 주사,

맡은 사명을 잘 감당하게 하옵소서.

이들이 기도하는 중에 주님의 뜻을 분별하게 하시고 자원하는 마음으로 순종하게 하셔서,

전심으로 담임목사(교역자)에게 협력하여

주님의 교회를 더욱 부흥하게 하옵소서.

"죽도록 충성하라 그리하면 생명의 면류관을 네게 주리라."는 귀한 약속의 말씀을 기억하여,

평생토록 주님과 교회를 위해 최선을 다하여 충성함으로

하나님을 기쁘시게 하는 삶이 되게 하옵소서.

특별히 모든 성도에게 믿음의 모범이 되게 하시며,

한 마음 한 뜻으로 교회를 섬기게 하옵소서.

우리 주 예수 그리스도의 이름으로 기도합니다. 아멘.

성경봉독 (베드로전서 5:1~5) / 맡은이

너희 중 장로들에게 권하노니 나는 함께 장로 된 자요 그리스도의 고난의 증인이요 나타날 영광에 참여할 자니라 너희 중에 있는 하나님의 양 무리를 치되 억지로 하지 말고 하나님의 뜻을 따라 자원함으로 하며 더러운 이득을 위하여 하지 말고 기꺼이 하며 맡은 자들에게 주장하는 자세를 하지 말고 양 무리의 본이 되라 그리하면 목자장이 나타나실 때에 시들지 아니하는 영광의 관을 얻으리라 젊은 자들아 이와 같이 장로들에게 순종하고 다 서로 겸손으로 허리를 동이라 하나님은 교만한 자를 대적하시되 겸손한 자들에게는 은혜를 주시느니라

(참고 / 디모데전서 4:14~16; 5:17~22; 사도행전 16:1~5)

찬 양 / 찬양대

말씀선포 / 맡은이

소 개 / 담임교역자

(새로 취임하는 장로를(들을) 교인들에게 소개한다.)

○○교회 당회에서 선출되고, ○○지방회에서 장로의 직책을 받아 ○○교회 장로로 취임하는 ○○○ 장로를 (○○○, ○○○, ……. 장로들을) 여러분에게 소개합니다. 기쁨으로 환영해 주시기 바랍니다.

장로 취임 문답 / 집례자

취임 장로에게 (감리사가 취임하는 장로(들)에게 문답한다.)

집 례 자 : 당신(여러분)은 장로의 직분에 부름 받은 것이 하나
님의 뜻임을 믿습니까?

취임 장로(들) : 아멘.(혹은 "예, 그렇게 믿습니다."로 대답한다.)

집 례 자 : 당신(여러분)은 기독교대한감리회의 「교리와 장정」
을 준수하며, 장로의 직책과 의무를 성실히 준행하
겠습니까?

취임 장로(들) : 아멘.(혹은 "예, 힘써 그렇게 하겠습니다."로 대답한다.)

집 례 자 : 당신(여러분)은 담임교역자의 목회를 돕는 일에 물심
양면으로 헌신하겠습니까?

취임 장로(들) : 아멘.(혹은 "예, 힘써 헌신하겠습니다."로 대답한다.)

집 례 자 : 당신(여러분)은 온 성도에게 믿음의 모범이 되고, 사
랑과 평화가 넘치는 교회가 되도록 최선을 다하겠습
니까?

취임 장로(들) : 아멘.(혹은 "예, 힘써 노력하겠습니다."로 대답한다.)

교인들에게 (감리사가 교인들에게 문답하며, 교인들은 일어서서 대
답한다.)

집례자 : 여러분은 지방회에서 안수 받고 파송되어, 본 교회의 장
로로 취임하는 ○○○ 장로를(○○○, ○○○, …… 장로들
을) 기쁨으로 받아들입니까?

교인들 : 아멘.(혹은 "예, 기쁨으로 받아들입니다."로 대답한다.)

집례자 : 여러분은 이 장로를(들을) 도와 이 교회가 성숙한 그리스
　　　　도의 교회가 되도록 협력하겠습니까?

교인들 : 아멘.(혹은 "예, 힘써 협력하겠습니다."로 대답한다.)

기 도 / 집례자

　　은혜로우신 하나님 아버지,

　　오늘 취임하는 장로(들이)가 맡겨진 사명에 최선을 다하기로

　　결심하였사오니

　　오늘의 결심이 변치 않게 하옵소서.

　　또한 교역자와 모든 성도도

　　오늘 취임하는 ○○○ 장로와(○○○, ○○○, …… 장로들과)

　　신실히 동역하게 하사,

　　언제나 평화롭고 은혜로운 교회가 되어 주님께 영광을 돌리게

　　하옵소서.

　　우리 주 예수 그리스도의 이름으로 기도합니다. 아멘.

선 언 / 집례자

　　기독교대한감리회 「교리와 장정」에 따라

　　○○○ 장로가(○○○, ○○○, …… 장로들이)

　　○○연회 ○○지방회 ○○구역 ○○교회의 장로로 취임한 것을

　　성부와 성자와 성령의 이름으로 선언합니다. 아멘.

장로에게 부탁하는 말씀 / 맡은이

교회(교인)에게 부탁하는 말씀 / 맡은이

감사의 인사 / 취임 장로 대표(상황에 따라 생략할 수 있다.)

알리는 말씀 / 맡은이

찬 송 595장(통 372장) 나 맡은 본분은 / 다함께(일어서서)
　1. 나 맡은 본분은 구주를 높이고
　　　못 영혼 구원 얻도록 잘 인도함이라
　2. 부르심 받들어 내 형제 섬기며
　　　구주의 뜻을 따라서 내 정성 다하리
　3. 주 앞에 모든 일 잘 행케 하시고
　　　이후에 주님 뵈올 때 상 받게 하소서
　4. 나 항상 깨어서 늘 기도드리며
　　　내 믿음 변치 않도록 날 도와주소서. 아멘.

축 도 / 감리사(또는 맡은이)

목사 은퇴찬하예식

(연회에서, 혹은 개체 교회에서도 행할 수 있다.)

집례 : 맡은이

조용한 기도(전주) / 다함께

기 원 / 집례자

은혜로우신 하나님 아버지,

보혈의 공로 위에 교회를 세우시고,

하나님의 택하신 종들을 통하여

주님의 구원역사를 이루어 가심을 감사합니다.

이제 성역에 헌신하여 평생을 바치신 ○○○ 목사(○○○ 목사,

○○○ 목사, ⋯⋯)의 은퇴찬하예식을 행하려 하오니

성령께서 이곳에 임재하사,

하나님의 은혜와 사랑으로 충만하게 하옵소서.

우리 주 예수 그리스도의 이름으로 기원합니다. 아멘.

찬 송 28장(통 28장) 복의 근원 강림하사 / 다함께(일어서서)

1. 복의 근원 강림하사 찬송하게 하소서

   한량없이 자비하심 측량할 길 없도다

천사들의 찬송가를 내게 가르치소서
구속하신 그 사랑을 항상 찬송합니다
2. 주의 크신 도움 받아 이때까지 왔으니
이와 같이 천국에도 이르기를 바라네
하나님의 품을 떠나 죄에 빠진 우리를
예수 구원하시려고 보혈 흘려 주셨네
3. 주의 귀한 은혜 받고 일생 빚진 자 되네
주의 은혜 사슬 되사 나를 주께 매소서
우리 맘은 연약하여 범죄하기 쉬우니
하나님이 받으시고 천국인을 치소서. 아멘.

기 도 / 맡은이

(회중이 앉은 후에 기도한다. 기도를 맡은이는 상황에 따라 기도의 내용
을 자유롭게 가감할 수 있다.)

사랑과 은혜가 충만하신 하나님 아버지,
평생토록 맡겨진 목양의 사명에 최선을 다하시고
오늘 은퇴하시는
○○○ 목사(○○○ 목사, ○○○ 목사, ……)를 위하여 기도합니다.
이들이 일생을 바쳐 섬긴 교회를 향한 헌신을 기억해 주시고,
아름다운 결실로 맺혀지게 하옵소서.
이제 목사님의 남은 생을 영육 간에 강건함으로 지켜 주사,
감리교회의 원로로서 후배 교역자들을 위해 기도하게 하시고,
온 교회의 귀감이 되어 유종의 미를 거두게 하옵소서.
앞으로 주님의 부르심을 받는 그날까지

평안하고 보람된 삶을 사시다가,

영생의 유업을 누리게 하옵소서.

또한 지금까지 최선을 다하여 목사님을 내조하신

사모님과 가족들, 믿음으로 순종해 온 자녀들에게 복을 주셔서,

아름다운 믿음의 가문을 이어가게 하옵소서.

우리 주 예수 그리스도의 이름으로 기도합니다. 아멘.

성경봉독(디모데후서 4:7~8) / 맡은이

나는 선한 싸움을 싸우고 나의 달려갈 길을 마치고 믿음을 지켰
으니 이제 후로는 나를 위하여 의의 면류관이 예비되었으므로 주
곧 의로우신 재판장이 그 날에 내게 주실 것이며 내게만 아니라 주
의 나타나심을 사모하는 모든 자에게도니라

(참고 / 이사야 46:3~4; 시편 132:1~18)

찬 양 / 찬양대

말씀선포 / 맡은이

약력 소개 / 맡은이

(이 예식을 연회에서 행하면 해당 지방 감리사가 은퇴하는 목사의 약력
을 소개하고, 이 예식을 개체 교회에서 행하면 해당 지방 서기가 약력을
소개한다.)

선 언 / 집례자

연회에서 행할 경우

기독교대한감리회 「교리와 장정」에 따라

○○○ 목사, ○○○ 목사, ○○○ 목사가 ○○연회에서 은퇴하였음을

성부와 성자와 성령의 이름으로 선언합니다. 아멘.

교회에서 행할 경우

기독교대한감리회 「교리와 장정」에 따라

○○○ 목사가 ○○연회 ○○지방회 ○○교회에서 은퇴하였음을

성부와 성자와 성령의 이름으로 선언합니다. 아멘.

기념품 증정 / 맡은이

(교회와 각 기관에서 화환과 기념품을 증정한다.)

은퇴 목사와 교인에게 부탁하는 말씀 / 맡은이

(가급적 은퇴 목사와 비슷한 연령에 있는 목사가 담당한다.)

감사의 인사 / 은퇴 목사(또는 대표자)

축 가 / 맡은이(형편에 따라 생략할 수 있다.)

알리는 말씀 / 집례자(또는 맡은이)

찬 송 447장(통 448장) 이 세상 끝날까지 / 다함께(일어서서)

1. 이 세상 끝날까지 주 섬겨 살리니
   내 친구 되신 주여 늘 함께하소서
   주 나와 함께하면 전쟁도 겁 없고
   주 나를 인도하면 늘 안심하리라

2. 나 주를 따를 때에 주 약속하신 것
   그 영광 중에 모두 이루어 주소서
   나 주의 뒤를 따라 섬기며 살리니
   그 크신 은혜 속에 날 인도하소서

3. 이 세상 온갖 시험 내 맘을 흔들고
   저 악한 원수들이 안팎에 있으나
   주 나를 돌보시사 내 방패 되시고
   내 옆에 계신 것을 늘 알게 하소서

4. 저 영광 빛난 곳을 주 허락했으니
   그 허락하신 곳을 늘 사모합니다
   끝까지 쉬지 않고 주 따라가리니
   주 넓은 사랑으로 늘 인도하소서. 아멘.

축 도 / 맡은이

장로 은퇴찬하예식

(지방회에서, 혹은 개체 교회에서도 행할 수 있다.)

집례 : 맡은이(또는 담임교역자)

조용한 기도(전주) / 다함께

기 원 / 집례자
사랑과 은혜가 충만하신 하나님 아버지,
오늘 이 시간 ○○○ 장로(○○○ 장로, ○○○ 장로, ……)의
은퇴찬하예식을 행하오니
성령께서 이 자리에 임재하여 주셔서,
은혜로운 예식이 되게 하옵소서.
우리 주 예수 그리스도의 이름으로 기원합니다. 아멘.

찬 송 301장(통 460장) 지금까지 지내온 것 / 다함께(일어서서)
1. 지금까지 지내온 것 주의 크신 은혜라
한이 없는 주의 사랑 어찌 이루 말하랴
자나 깨나 주의 손이 항상 살펴 주시고
모든 일을 주 안에서 형통하게 하시네
2. 몸도 맘도 연약하나 새 힘 받아 살았네

물 붓듯이 부으시는 주의 은혜 족하다
사랑 없는 거리에나 험한 산길 헤맬 때
주의 손을 굳게 잡고 찬송하며 가리라
3. 주님 다시 뵈올 날이 날로 날로 다가와
무거운 짐 주께 맡겨 벗을 날도 멀잖네
나를 위해 예비하신 고향 집에 돌아가
아버지의 품 안에서 영원토록 살리라.

기 도 / 맡은이

(회중이 앉은 후에 기도한다. 기도를 맡은이는 상황에 따라 기도의 내용
을 자유롭게 가감할 수 있다.)

인생을 부르시고, 주님의 일에 헌신하게 하시는 하나님 아버지,
○○○ 장로(○○○ 장로, ○○○ 장로, ……)가 오늘 은퇴에 이르
기까지 주님의 은혜로 그 사명을 감당하게 하심을 감사합니다.
지금까지 교회를 위한 그(들)의 섬김과 봉사가
아름다운 열매로 맺혀지게 하옵시고,
남은 생을 영육 간에 강건함으로 지켜 주사,
교회와 교역자와 성도를 위하여 기도하는 삶이 되게 하옵소서.
하나님께서 그 노년에 복에 복을 더하사
건강하고 은혜로운 삶을 살다가,
주님의 부르심을 받을 때에, 영원한 천국에 영접되게 하옵소서.
또한 그(들)의 가족들에게 복을 주셔서,
믿음의 가문을 이어가게 하옵소서.
우리 주 예수 그리스도의 이름으로 기도합니다. 아멘.

성경봉독(데살로니가후서 2:13~17) / 맡은이

주께서 사랑하시는 형제들아 우리가 항상 너희에 관하여 마땅히 하나님께 감사할 것은 하나님이 처음부터 너희를 택하사 성령의 거룩하게 하심과 진리를 믿음으로 구원을 받게 하심이니 이를 위하여 우리의 복음으로 너희를 부르사 우리 주 예수 그리스도의 영광을 얻게 하려 하심이니라 그러므로 형제들아 굳건하게 서서 말로나 우리의 편지로 가르침을 받은 전통을 지키라 우리 주 예수 그리스도와 우리를 사랑하시고 영원한 위로와 좋은 소망을 은혜로 주신 하나님 우리 아버지께서 너희 마음을 위로하시고 모든 선한 일과 말에 굳건하게 하시기를 원하노라

찬 양 / 찬양대

말씀선포 / 맡은이(또는 담임교역자)

약력 소개 / 담임교역자

선 언 / 집례자

지방회에서 행할 경우
기독교대한감리회 「교리와 장정」에 따라
○○○ 장로, ○○○ 장로, ○○○ 장로가
○○지방회에서 은퇴하였음을
성부와 성자와 성령의 이름으로 선언합니다. 아멘.

교회에서 행할 경우

기독교대한감리회 「교리와 장정」에 따라

○○○ 장로(○○○ 장로, ○○○ 장로, ……)가

○○지방회 ○○교회에서 은퇴하였음을

성부와 성자와 성령의 이름으로 선언합니다. 아멘.

기념품 증정 / 맡은이

(교회와 기관을 대표하여 기념품을 증정한다.)

은퇴 장로와 교인에게 부탁하는 말씀 / 맡은이

(은퇴 장로와 교인에게 부탁할 말씀을 각각 다른 사람이 하거나 한 사람
이 할 수 있다.)

감사의 인사 / 은퇴 장로 대표

축 가 / 맡은이

알리는 말씀 / 집례자(또는 맡은이)

찬 송 433장(통 490장) 귀하신 주여 날 붙드사 / 다함께(일어서서)

　　1. 귀하신 주여 날 붙드사 주께로 날마다 더 가까이
　　　　저 하늘나라 나 올라가 구주의 품 안에 늘 안기어
　　　　영생의 복 받기 원합니다
　　2. 봉헌할 물건 나 없어도 날마다 주께로 더 가까이

내 죄를 주께 다 고하니 주님의 보혈로 날 씻으사
눈보다 더 희게 하옵소서
3. 간악한 마귀 날 꾀어도 주 예수 앞으로 더 가까이
이 세상 속한 그 허영심 또 추한 생각을 다버리니
정결한 맘 내게 늘 주소서
4. 이 세상 내가 살 동안에 주께로 날마다 더 가까이
저 뵈는 천국 나 들어가 한없는 복락을 다 얻도록
풍성한 은혜를 주옵소서. 아멘.

축 도 / 맡은이

선교사 파송예식

(이 예식이 예배에 포함되면 말씀선포 뒤에 진행한다.)

집례 : 맡은이

조용한 기도(전주) / 다함께

기 원 / 집례자
교회의 머리가 되시는 주님,
세계만방에 복음을 증거하라는 예수 그리스도의 위대한 명령에
따라, 이제 주님의 몸 된 교회가 선교사를 파송합니다.
이 파송예식을 통하여 선교사로 부름 받은 주님의 종(들)이
받은 바 소명을 다시 한 번 확인하게 하시며,
헌신의 결심으로 충만하게 하옵소서.
또한 그를(들을) 파송하는 교회 위에 은혜가 충만하게 하사,
끊임없는 기도의 후원과 협력으로
선교의 사명을 잘 감당하게 하옵소서.
이 예식 위에 성령께서 임재하여 주시기를 원하오며,
우리 주 예수 그리스도의 이름으로 기원합니다. 아멘.

찬　송 505장(통 268장) 온 세상 위하여 / 다함께

(이 예식이 예배에 포함되면 생략한다.)

　1. 온 세상 위하여 나 복음 전하리
　　　만백성 모두 나와서 주 말씀 들으라
　　　죄 중에 빠져서 헤매는 자들아
　　　주님의 음성 듣고서 너 구원 받으라
　2. 온 세상 위하여 이 복음 전하리
　　　저 죄인 회개하고서 주 예수 믿으라
　　　이 세상 구하려 주 돌아가신 것
　　　나 증거하지 않으면 그 사랑 모르리
　3. 온 세상 위하여 주 은혜 임하니
　　　주 예수 이름 힘입어 이 복음 전하자
　　　먼 곳에 나가서 전하지 못해도
　　　나 어느 곳에 있든지 늘 기도 힘쓰리
　(후렴) 전하고 기도해 매일 증인되리라
　　　　　세상 모든 사람들 듣고 그 사랑 알도록.

성경봉독(사도행전 1:6~8) / 맡은이

　그들이 모였을 때에 예수께 여쭈어 이르되 주께서 이스라엘 나라를 회복하심이 이 때니이까 하니 이르시되 때와 시기는 아버지께서 자기의 권한에 두셨으니 너희가 알 바 아니요 오직 성령이 너희에게 임하시면 너희가 권능을 받고 예루살렘과 온 유대와 사마리아와 땅 끝까지 이르러 내 증인이 되리라 하시니라

　(참고 / 디모데후서 4:17~18; 마태복음 28:18~20)

말씀선포 / 맡은이(이 예식이 예배에 포함되면 생략한다.)

봉헌과 봉헌기도 / 맡은이(이 예식이 예배에 포함되면 생략한다.)

소　개 / 집례자(또는 맡은이)
(파송받을 선교사의 이름을 한 사람씩 불러 앞에 세운다. 이때 선교사가
소속한 교회나 선교사를 후원하는 교회의 담임목사 또는 장로 대표들이
미리 앞자리에 앉도록 광고한다.)

문답과 서약 / 집례자(또는 맡은이)

　선교사와 그 가정에게

집　　례　　자 : 이제 당신(여러분)을 선교사로 파송하기에 앞서,
　　　　　　　　　그 결심을 다짐하는 문답을 합니다. 당신(여러
　　　　　　　　　분)이 이 귀한 일에 헌신하기로 결심하였으니,
　　　　　　　　　묻는 말에 성실하게 대답하시기 바랍니다.

집　　례　　자 : 당신(여러분)은 하나님께서 이 세상의 모든 사람
　　　　　　　　　을 사랑하시고, 그들을 구원하시려는 계획을 갖
　　　　　　　　　고 계심을 믿습니까?
선교사와 그 가정 : 아멘.(혹은 "예, 제가(우리가) 믿습니다."로 대답한다.)
집　　례　　자 : 당신(여러분)이 하나님의 인도하심에 따라 기독
　　　　　　　　　교대한감리회의 선교사가 되어, ○○○선교를
　　　　　　　　　위해 부름 받았음을 확신합니까?

선교사와 그 가정 : 아멘.(혹은 "예, 제가(우리가) 믿습니다."로 대답한다.)

집　　례　　자 : 당신(여러분)은 성령의 능력을 의지함으로, 복음 전파와 봉사사역에 전적으로 헌신하겠습니까?

선교사와 그 가정 : 아멘.(혹은 "예, 제가(우리가) 전적으로 헌신하겠습니다."로 대답한다.)

집　　례　　자 : 당신(여러분)은 선교사로서 영적, 도덕적 생활에 모범을 보이며, 선교사 관리규정에 명시된 모든 의무와 책임을 다하겠습니까?

선교사와 그 가정 : 아멘.(혹은 "예, 제가(우리가) 최선을 다해 따르겠습니다."로 대답한다.)

집　　례　　자 : 당신(여러분)은 파송된 이후에 선교국과 소속연회와 후원교회의 지도를 따르고, 동역자들과 잘 협력하며, 최선을 다해 선교사역에 헌신하기로 서약합니까?

선교사와 그 가정 : 아멘.(혹은 "예, 제가(우리가) 진심으로 서약합니다."로 대답한다.)

후원교회와 단체에게

(후원교회 성도(선교단체 후원회 회원들을)를 일어서게 한 후, 다음과 같이 묻는다.)

집　　례　　자 : 이제 후원교회(혹은 선교단체 후원회)에게 묻습니다. 성도(회원) 여러분은 자리에서 잠시 일어나 주시기 바랍니다.

집 례 자 : ○○교회 성도 여러분(혹은 ○○○선교 후
　　　　　　원회 회원 여러분), 여러분은 ○○○ 선교사
　　　　　　를 파송함에 있어서, 그를 위해 기도하고
　　　　　　물심양면으로 후원할 것을 서약합니까?

후원교회(혹은 단체회원) : 아멘.(혹은 "예, 우리가 기쁜 마음으로 후원하기
　　　　　　를 서약합니다."로 대답한다.)

선교사 협약서 교환 / 후원교회와 선교사

(미리 준비한 선교사 협약서를 교환한다.)

기 도 / 집례자(또는 맡은이)

온 인류의 구세주가 되시는 하나님 아버지,

우리가 "땅 끝까지 복음을 전파하라"는 주님의 명령에 따라

○○○ 선교사를 파송하오니, 성령의 권능을 입혀 주사

복음을 전할 때마다

하나님의 놀라운 구원역사가 나타나게 하옵소서.

이제 그의 헌신을 통하여 그 땅에 복음의 푸른 계절이 속히 오게

하시며, 주님의 나라가 더욱 확장되기를 원합니다.

특별히 어떤 어려운 상황과 위험 속에서도

선교사와 그 가정을 지켜 주시고,

언제 어느 곳에서나 주님의 도우심을 체험하게 하옵소서.

선교사를 위해 기도하며 후원하는

교회(선교회)와 성도를 축복하시고,

그들의 정성이 선교사에게 용기와 힘이 되게 하옵소서.

세상 만민이 구원받기를 원하시는

우리 주 예수 그리스도의 이름으로 기도합니다. 아멘.

선 언 / 집례자(또는 맡은이)

(소속 교회 또는 후원교회의 담임목사가 선교사의 어깨에 손을 얹은 채
파송 위원장 또는 감독이 다음과 같이 선언한다.)

우리 주 예수 그리스도께서 말씀하시기를

"너희는 가서 모든 족속으로 제자를 삼아

아버지와 아들과 성령의 이름으로 세례를 주라"고 명령하셨으니,

이제 우리가 ○○○ 목사(여러 명일 경우 그 이름을 하나 하나 다 부
른다.)를

기독교대한감리회 ○○○(나라 혹은 지역 이름을 부른다.)

선교사로 파송합니다. 아멘.

파송장 수여 / 집례자(또는 맡은이)

(파송 위원장이 선교사와 한 사람씩 악수한 후 파송장을 수여하고, 참석
자들은 모두 일어서서 박수한다.)

선교사와 교회에 부탁하는 말씀 / 맡은이

(선교사와 교회에 부탁하는 말씀을 각각 다른 사람이 하거나 한 사람이
할 수 있다.)

감사의 말씀 / 파송 선교사

알리는 말씀 / 맡은이

찬 송 507장(통 273장) 저 북방 얼음 산과 / 다함께(일어서서)
  1. 저 북방 얼음 산과 또 대양 산호섬
     저 남방 모든 나라 수많은 백성들
     큰 죄악 범한 민족 다 구원 얻으려
     참 빛을 받은 우리 곧 오라 부른다
  2. 주 은혜 받은 우리 큰 책임 잊고서
     주 예수 참된 구원 전하지 않으랴
     온 세상 모든 백성 참 구원 얻도록
     온 몸과 재산 드려 이 복음 전하자
  3. 만왕의 왕 된 예수 이 세상 오셔서
     만백성 구속하니 참 구주시로다
     저 부는 바람 따라 이 소식 퍼치고
     저 바다 물결 따라 이 복음 전하자. 아멘.

축 도 / 맡은이

감독 이 · 취임예식

(연회별로 장소와 시간을 정하여 행한다. 총회에서 이임예식과 취임예식을 겸하여 행하고 연회별 이 · 취임예식을 생략할 수 있다.)

집례 : 감독회장(또는 맡은이)

조용한 기도(전주) / 다함께

예배로 부름과 기원 / 집례자

예수께서 나아와 말씀하여 이르시되 하늘과 땅의 모든 권세를 내게 주셨으니 그러므로 너희는 가서 모든 민족을 제자로 삼아 아버지와 아들과 성령의 이름으로 세례를 베풀고 내가 너희에게 분부한 모든 것을 가르쳐 지키게 하라 볼지어다 내가 세상 끝날까지 너희와 항상 함께 있으리라 하시니라(마태복음 28:18~20)

교회의 머리가 되시는 주님,
반석이신 주님 위에 교회를 세우시고
기독교대한감리회 ○○연회를 사랑하셔서,
신실한 하나님의 종에게 감독의 직무를 맡기시니 감사합니다.
오늘의 감독 이 · 취임예식 위에 성령께서 임재하사,
우리가 그리스도의 제자로서

주님의 몸 된 교회를 위하여 동역하게 하여 주옵소서.
우리 주 예수 그리스도 이름으로 기원합니다. 아멘.

찬 송 585장(통 384장) 내 주는 강한 성이요 / 다함께(일어서서)
1. 내 주는 강한 성이요 방패와 병기되시니
   큰 환난에서 우리를 구하여 내시리로다
   옛 원수 마귀는 이때도 힘을 써 모략과 권세로
   무기를 삼으니 천하에 누가 당하랴
2. 내 힘만 의지할 때는 패할 수밖에 없도다
   힘 있는 장수 나와서 날 대신하여 싸우네
   이 장수 누군가 주 예수 그리스도 만군의 주로다
   당할 자 누구랴 반드시 이기리로다
3. 이 땅에 마귀 들끓어 우리를 삼키려 하나
   겁내지 말고 섰거라 진리로 이기리로다
   친척과 재물과 명예와 생명을 다 빼앗긴대도
   진리는 살아서 그 나라 영원하리라. 아멘.

신앙고백 (감리회 신앙고백) / 다함께(일어서서)
집례자 : 우리는 우주 만물을 창조하시고 섭리하시며 주관하시는
         거룩하시고 자비하시며 오직 한 분이신 아버지 하나님을
         믿습니다.
회 중 : 우리는 말씀이 육신이 되어 우리 가운데 오셔서 하나님의
         나라를 선포하시고 십자가에 달려 죽으셨다가 부활승천 하
         심으로 대속자가 되시고 구세주가 되시는 예수 그리스도를

믿습니다.

집례자 : 우리는 우리와 함께 계셔서 우리를 거듭나게 하시고 거룩
하게 하시며 완전하게 하시며 위안과 힘이 되시는 성령을
믿습니다.

회　중 : 우리는 성령의 감동으로 기록된 하나님의 말씀인 성경이 구원
에 이르는 도리와 신앙생활에 충분한 표준이 됨을 믿습니다.

집례자 : 우리는 하나님의 은혜로 믿음을 통해 죄 사함을 받아 거룩
해지며 하나님의 구원의 역사에 동참하도록 부름 받음을
믿습니다.

회　중 : 우리는 예배와 친교, 교육과 봉사, 전도와 선교를 위해 하나
가 된 그리스도의 몸인 교회를 믿습니다.

집례자 : 우리는 만민에게 복음을 전파함으로 하나님의 정의와 사
랑을 나누고 평화의 세계를 이루는 모든 사람들이 하나님
앞에 형제 됨을 믿습니다.

회　중 : 우리는 예수 그리스도의 재림과 심판, 우리 몸의 부활과 영
생 그리고 의의 최후 승리와 영원한 하나님 나라를 믿습니
다. 아멘.

기　도 / 맡은이

(회중이 앉은 후에 기도한다. 기도를 맡은이는 상황에 따라 기도의 내용
을 자유롭게 가감할 수 있다.)

전능하신 하나님 아버지,

주님의 은혜 가운데

○○연회 감독 이·취임예식을 거행하게 하심을 감사합니다.

먼저 이임하는 ○ ○ ○ 감독에게

주님의 위로와 평안으로 채워 주시기를 원합니다.

이 시간 ○ ○ ○ 감독의 헌신을 기억하며,

그의 수고가 복음의 선한 열매들로 나타나게 하시고,

이제 감독의 직임에서 물러날지라도,

후임자와의 아름다운 협력을 통하여

감리교회와 연회발전에 큰 힘이 되게 하옵소서.

또한 취임하는 ○ ○ ○ 감독에게 성령의 은사를 충만히 내려 주사,

감독의 직임을 감당하기에 조금도 부족함이 없게 하옵소서.

연회의 모든 교역자와 성도는

감독의 사도적 권위를 존중하고,

교회의 지도자로 존경하며,

그 직무를 성실히 수행할 수 있도록 협력하게 하옵소서.

교회의 머리가 되시는

우리 주 예수 그리스도의 이름으로 기도합니다. 아멘.

성경봉독 (디도서 1:7~10) / 맡은이

감독은 하나님의 청지기로서 책망할 것이 없고 제 고집대로 하지 아니하며 급히 분내지 아니하며 술을 즐기지 아니하며 구타하지 아니하며 더러운 이득을 탐하지 아니하며 오직 나그네를 대접하며 선행을 좋아하며 신중하며 의로우며 거룩하며 절제하며 미쁜 말씀의 가르침을 그대로 지켜야 하리니 이는 능히 바른 교훈으로 권면하고 거슬러 말하는 자들을 책망하게 하려 함이라

(참고 / 디모데전서 6:11~16)

찬 양 / 찬양대

말씀선포 / 감독회장(또는 맡은이)

소 개 / 집례자(또는 연회 서기)
(이임 감독과 취임 감독을 소개한다.)

직무 인계 / 이임 감독
(연회의 상징물인 성경, 사회봉, 깃발 등을 취임 감독에게 인계한다.)

선 포 / 집례자
(직무 인계와 동시에 다음과 같이 선포하고, 참석자들은 일어서서 박수
한다.)
　　기독교대한감리회 ○○연회 감독의 직무가
　　○○○ 감독에게서 ○○○ 감독에게로 인계되었음을
　　성부 성자 성령의 이름으로 선포합니다. 아멘.

치 사 / 맡은이
(이임 감독의 재임 중 행적에 대하여 간략하게 소개하며 치하한다.)

이임사 / 이임 감독
(감사의 인사를 겸하여 이임사를 한다.)

취임 감독과 교회에 부탁하는 말씀 / 맡은이

(취임 감독과 교회에 부탁하는 말씀을 각각 다른 사람이 하거나 한 사람이 할 수 있다. 취임 감독에게 부탁하는 말씀을 맡은이는 감독에 대하여 간단하게 소개할 수도 있다.)

취임사 / 취임 감독

(감사의 인사를 겸하여 취임사를 한다.)

공로패 증정 / 취임 감독

(먼저 취임 감독이 이임 감독에게 공로패를 증정한다. 축하예물은 이·취임식 후에 개인적으로 받고, 상징적으로 꽃다발을 한 번 받는 것으로 한다.)

알리는 말씀 / 맡은이

찬 송 461장(통 519장) 십자가를 질 수 있나 / 다함께(일어서서)
  1. 십자가를 질 수 있나 주가 물어보실 때
     죽기까지 따르오리 성도 대답하였다
  2. 너는 기억하고 있나 구원받은 강도를
     그가 회개하였을 때 낙원 허락받았다
  3. 걱정 근심 어둔 그늘 너를 둘러 덮을 때
     주께 네 영 맡기겠나 최후 승리 믿으며
  4. 이런 일 다 할 수 있나 주가 물어보실 때
     용감한 자 바울처럼 선뜻 대답하리라

(후렴) 우리의 심령 주의 것이니 당신의 형상 만드소서
　　　 주 인도 따라 살아갈 동안 사랑과 충성 늘 바치오리다. 아멘.

축　도 / 감독(또는 맡은이)

감리사 이 · 취임예식

(연회에서 감리사를 선출한 후, 감리사 이 · 취임예식은 지방별로 장소와
시간을 정하여 행한다. 연회에서 행하고 각 지방별 이 · 취임예식은 생략
할 수도 있다.)

집례 : 지방회 선교부 총무

조용한 기도(전주) / 다함께

기　원 / 집례자
　　전능하시고 영원하신 하나님 아버지,
　　예수 그리스도의 거룩한 희생을 통하여
　　주님의 몸 된 교회를 세우시고,
　　교회들이 연합하여 맡겨진 사명을 감당하게 하심을 감사합니다.
　　이제 우리가 ○○연회 ○○지방회
　　감리사 이 · 취임예식을 거행하고자 하오니,
　　이 예식 위에 성령께서 임재하사,
　　은혜로운 이 · 취임식이 되게 하여 주옵소서.
　　교회의 머리가 되시는
　　우리 주 예수 그리스도의 이름으로 기원합니다. 아멘.

찬 송 595장(통 372장) 나 맡은 본분은 / 다함께(일어서서)

1. 나 맡은 본분은 구주를 높이고
   뭇 영혼 구원 얻도록 잘 인도함이라
2. 부르심 받들어 내 형제 섬기며
   구주의 뜻을 따라서 내 정성 다하리
3. 주 앞에 모든 일 잘 행케 하시고
   이후에 주님 뵈올 때 상 받게 하소서
4. 나 항상 깨어서 늘 기도드리며
   내 믿음 변치 않도록 날 도와주소서. 아멘.

신앙고백(감리회 신앙고백) / 다함께(일어서서)

집례자 : 우리는 우주 만물을 창조하시고 섭리하시며 주관하시는
　　　　 거룩하시고 자비하시며 오직 한 분이신 아버지 하나님을
　　　　 믿습니다.

회　중 : 우리는 말씀이 육신이 되어 우리 가운데 오셔서 하나님의
　　　　 나라를 선포하시고 십자가에 달려 죽으셨다가 부활승천 하
　　　　 심으로 대속자가 되시고 구세주가 되시는 예수 그리스도를
　　　　 믿습니다.

집례자 : 우리는 우리와 함께 계셔서 우리를 거듭나게 하시고 거룩
　　　　 하게 하시며 완전하게 하시며 위안과 힘이 되시는 성령을
　　　　 믿습니다.

회　중 : 우리는 성령의 감동으로 기록된 하나님의 말씀인 성경이
　　　　 구원에 이르는 도리와 신앙생활에 충분한 표준이 됨을 믿
　　　　 습니다.

집례자 : 우리는 하나님의 은혜로 믿음을 통해 죄 사함을 받아 거룩해지며 하나님의 구원의 역사에 동참하도록 부름 받음을 믿습니다.

회　중 : 우리는 예배와 친교, 교육과 봉사, 전도와 선교를 위해 하나가 된 그리스도의 몸인 교회를 믿습니다.

집례자 : 우리는 만민에게 복음을 전파함으로 하나님의 정의와 사랑을 나누고 평화의 세계를 이루는 모든 사람들이 하나님 앞에 형제 됨을 믿습니다.

회　중 : 우리는 예수 그리스도의 재림과 심판, 우리 몸의 부활과 영생 그리고 의의 최후 승리와 영원한 하나님 나라를 믿습니다. 아멘.

기　도 / 맡은이

(회중이 앉은 후에 기도한다. 기도를 맡은이는 상황에 따라 기도의 내용을 자유롭게 가감할 수 있다.)

주님의 몸 된 교회를 세우신 하나님 아버지,
하나님의 은혜와 사랑 가운데
○○지방회 감리사 이·취임예식을 행하게 하심을 감사합니다.
그동안 지방회를 위하여 수고하고 이임하는 ○○○ 감리사에게
주님의 위로와 크신 복으로 채워 주시기를 원합니다.
이제 감리사의 직임에서 물러날지라도,
후임자와의 아름다운 협력을 통하여
더욱 크신 하나님의 역사를 이루게 하옵소서.
또한 취임하는 ○○○ 감리사에게 성령의 은혜를 베푸사,

맡은 직임을 성실히 감당하게 하시고,

사랑과 겸손으로 교회들을 섬기며 인도하게 하옵소서.

우리 지방 내의 모든 교역자와 성도가

신임 감리사를 교회의 지도자로 존경하고 협력하여

지방의 평화와 부흥을 이루게 하옵소서.

교회의 머리가 되시는

우리 주 예수 그리스도의 이름으로 기도합니다. 아멘.

성경봉독 (고린도후서 8:16~24) / 맡은이

너희를 위하여 같은 간절함을 디도의 마음에도 주시는 하나님께 감사하노니 그가 권함을 받고 더욱 간절함으로 자원하여 너희에게 나아갔고 또 그와 함께 그 형제를 보내었으니 이 사람은 복음으로써 모든 교회에서 칭찬을 받는 자요 이뿐 아니라 그는 동일한 주의 영광과 우리의 원을 나타내기 위하여 여러 교회의 택함을 받아 우리가 맡은 은혜의 일로 우리와 동행하는 자라 이것을 조심함은 우리가 맡은 이 거액의 연보에 대하여 아무도 우리를 비방하지 못하게 하려 함이니 이는 우리가 주 앞에서뿐 아니라 사람 앞에서도 선한 일에 조심하려 함이라 또 그들과 함께 우리의 한 형제를 보내었노니 우리는 그가 여러 가지 일에 간절한 것을 여러 번 확인하였거니와 이제 그가 너희를 크게 믿으므로 더욱 간절하니라 디도로 말하면 나의 동료요 너희를 위한 나의 동역자요 우리 형제들로 말하면 여러 교회의 사자들이요 그리스도의 영광이니라 그러므로 너희는 여러 교회 앞에서 너희의 사랑과 너희에 대한 우리 자랑의 증거를 그들에게 보이라

(참고 / 사도행전 9:26~31)

찬　양 / 찬양대

말씀선포 / 맡은이

취임 선언 / 감독(또는 맡은이)
　이제 ○○○ 목사가
　기독교대한감리회 ○○연회 ○○지방회 감리사로 취임하였음을
　성부 성자 성령의 이름으로 선언합니다. 아멘.

치　사 / 맡은이
(이임 감리사의 재임 중 행적에 대하여 간략하게 소개하며 치하한다.)

이임사 / 이임 감리사
(감사의 인사를 겸하여 이임사를 한다.)

지방기 전달 / 이임 감리사
(취임 감리사에게 지방기를 전달한다.)

취임사 / 취임 감리사
(지방기를 받아 총무에게 맡긴 후에 바로 취임사를 한다.)

취임 감리사와 교회에 부탁하는 말씀 / 맡은이

(취임 감리사와 교회에 부탁할 말씀을 각각 다른 사람이 하거나 한 사람이 할 수도 있다.)

공로패 증정 / 감독(혹은 취임 감리사)

(감독(혹은 취임 감리사)가 이임 감리사에게 공로패를 증정한다. 축하예물은 이·취임식 후에 개인적으로 받고, 상징적으로 교회에서 준비한 꽃다발을 한 번 받는 것으로 한다.)

알리는 말씀 / 맡은이

찬 송 455장(통 507장) 주님의 마음을 본받는 자 / 다함께(일어서서)

　1. 주님의 마음을 본받는 자 그 맘에 평강이 찾아옴은
　　　험악한 세상을 이길 힘이 하늘로부터 임함이로다
　2. 주 모습 내 눈에 안 보이며 그 음성 내 귀에 안 들려도
　　　내 영혼 날마다 주를 만나 신령한 말씀 늘 배우도다
　3. 가는 길 거칠고 험하여도 내 맘에 불평이 없어짐은
　　　십자가 고난을 이겨 내신 주님의 마음 본받음이라
　4. 주 예수 세상에 다시 오실 그날엔 뭇 성도 변화하여
　　　주님의 빛나는 그 형상을 다함께 보며 주 찬양하리
　(후렴) 주님의 마음 본받아 살면서 그 거룩하심 나도 이루리.

축 도 / 감독(또는 맡은이)

원로목사(장로) 추대예식

(연회에서 목사 은퇴찬하예식이 있으므로, 각 교회에서는 은퇴찬하예식을 이중으로 하지 말고 원로목사 추대예식, 또는 새로 담임할 목사취임예식과 추대예식을 병행하는 것이 바람직하다. 또한 지방회에서 장로 은퇴찬하예식이 있으므로, 각 교회에서는 장로취임예식과 원로장로 추대예식을 병행하는 것이 바람직하다.)

집례 : 감리사(혹은 담임교역자)

조용한 기도(전주) / 다함께

기　원 / 집례자
　　영원하신 하나님 아버지,
　　주님의 택하신 종들에게 은혜를 베푸사
　　맡은 사명에 평생토록 헌신하게 하심을 감사합니다.
　　이제 우리가 ○○○ 목사(장로)의
　　원로목사(장로) 추대예식을 거행하고자 하오니
　　성령께서 이 예식에 임재하여 주셔서,
　　하나님의 은혜와 사랑으로 충만하게 하옵소서.
　　우리 주 예수 그리스도의 이름으로 기원합니다. 아멘.

찬 송 95장(통 82장) 나의 기쁨 나의 소망되시며 / 다함께(일어서서)

  1. 나의 기쁨 나의 소망되시며 나의 생명이 되신 주
     밤낮 불러서 찬송을 드려도 늘 아쉰 마음뿐일세

  2. 나의 사모하는 선한 목자는 어느 꽃다운 동산에
     양의 무리와 늘 함께 가셔서 기쁨을 함께하실까

  3. 길도 없이 거친 넓은 들에서 갈 길 못 찾아 애쓰며
     이리저리로 헤매는 내 모양 저 원수 조롱하도다

  4. 주의 자비롭고 화평한 얼굴 모든 천사도 반기며
     주의 놀라운 진리의 말씀에 천지가 화답하도다

  5. 나의 진정 사모하는 예수님 음성조차도 반갑고
     나의 생명과 나의 참 소망은 오직 주 예수뿐일세. 아멘.

교 독 교독문 13번(통 9번) / 다함께(일어서서)

집례자 : 여호와는 나의 목자시니

회   중 : 내게 부족함이 없으리로다

집례자 : 그가 나를 푸른 풀밭에 누이시며

회   중 : 쉴 만한 물 가로 인도하시는도다

집례자 : 내 영혼을 소생시키시고

회   중 : 자기 이름을 위하여 의의 길로 인도하시는도다

집례자 : 내가 사망의 음침한 골짜기로 다닐지라도 해를 두려워하
          지 않을 것은

회   중 : 주께서 나와 함께 하심이라 주의 지팡이와 막대기가 나를
          안위하시나이다

집례자 : 주께서 내 원수의 목전에서 내게 상을 차려 주시고

회   중 : 기름을 내 머리에 부으셨으니 내 잔이 넘치나이다

집례자 : 내 평생에 선하심과 인자하심이 반드시 나를 따르리니

회   중 : 내가 여호와의 집에 영원히 살리로다

기 도 / 맡은이

(회중이 자리에 앉은 후에 기도한다. 기도를 맡은이는 상황에 따라 기도
의 내용을 추가할 수 있다.)

교회의 머리가 되시는 주님,

보혈의 공로로 교회를 세우시고,

헌신하는 종들을 통하여 주어진 사명을 감당하게 하심을

감사합니다.

그동안 이 교회를 위하여 수고하셨던 ○○○ 목사(장로)를

온 성도의 뜻을 모아 원로목사(장로)로 추대하고자 하오니

주님의 은혜와 사랑으로 함께하여 주시기를 원합니다.

비록 ○○○ 목사(장로)가 은퇴하고 일선에서 물러날지라도,

영육 간의 강건함을 그 삶에 허락하사

교회의 원로로서 깊은 지혜와 사랑으로

담임목사를 도와 교회를 섬기는 일에 최선을 다하게 하옵소서.

또한 노년을 복되게 하셔서

인생의 아름다운 결실을 거두게 하시고,

후손들이 믿음의 가계를 이어가게 하옵소서.

그리고 하나님의 부르심을 받을 때에

영생의 유업을 누리게 하옵소서.

우리 주 예수 그리스도의 이름으로 기도합니다. 아멘.

성경봉독 (히브리서 13:7~8) / 맡은이

　하나님의 말씀을 너희에게 일러 주고 너희를 인도하던 자들을 생각하며 그들의 행실의 결말을 주의하여 보고 그들의 믿음을 본받으라 예수 그리스도는 어제나 오늘이나 영원토록 동일하시니라

　(참고 / 신명기 26:16~19)

찬 양 / 찬양대

말씀선포 / 맡은이

약력 소개 / 맡은이

선 언 / 집례자(또는 맡은이)

(집례자가 원로로 추대받는 목사(장로)를 소개한 후, 다음과 같이 선언하면 모두 일어나서 박수한다.)

　이제 ○○○ 목사(장로)가

　기독교대한감리회 ○○연회 ○○지방회 ○○교회

　원로목사(장로)로 추대되었음을

　성부와 성자와 성령의 이름으로 선언합니다. 아멘.

공로패(감사패) 및 기념품 증정 / 맡은이

(교회와 각 기관에서 정한 순서대로 증정한다.)

원로목사(장로)와 교인들에게 부탁하는 말씀 / 맡은이
(가급적 원로 목사(장로)와 비슷한 연령에 있는 목사가 담당한다.)

감사의 인사 / 원로목사(장로)

축 가 / 찬양대(또는 맡은이)

알리는 말씀 / 집례자(또는 맡은이)

찬 송 135장(통 133장) 어저께나 오늘이나 / 다함께(일어서서)
　　1. 어저께나 오늘이나 어느 때든지
　　　　영원토록 변함없는 거룩한 말씀
　　　　믿고 순종하는 이의 생명 되시며
　　　　한량없이 아름답고 기쁜 말일세
　　2. 풍랑 이는 바다 위로 걸어오시고
　　　　갈릴리의 험한 풍파 잔잔케 하고
　　　　겟세마네 동산에서 우리 위하여
　　　　눈물짓고 기도하신 고난의 주님
　　3. 허물 많은 베드로를 용서하시고
　　　　의심 많은 도마에게 확신 주시고
　　　　사랑하는 그의 제자 가슴에 안고
　　　　부드러운 사랑으로 품어 주셨네
　　4. 엠마오로 행하시던 주님 오늘도
　　　　한결같이 우리 곁에 함께 계시고

우리들을 영접하러 다시 오실 때
변함없는 영광의 주 친히 뵈오리
(후렴) 어저께나 오늘이나 영원 무궁히
한결같은 주 예수께 찬양합시다
세상 지나고 변할지라도
영원하신 주 예수 찬양합니다.

축 도 / 맡은이

교회임원 임명예식

(이 임명식은 당회에서 임원으로 선출된 이들을 공적으로 인정하기 위하여 임원 임명주일을 정하고 예배 순서에 넣어 행한다. 예배 전에 장로, 권사, 각 부서별 임원, 속장, 집사 순으로 미리 앞자리에 앉게 한다. 각 부서별로 선교부 임원, 교육부 임원, 사회봉사부 임원, 재무부 임원, 관리부 임원, 문화부 임원 등으로 구분하여 앉게 한다.)

집례 : 담임교역자

예식사 / 집례자

사랑하는 성도 여러분, 우리 ○○교회 당회에서 새로 선출된 임원들을 그 은사와 능력에 따라 임명하는 예식을 거행합니다. 이 예식을 통하여 하나님께서 여러분에게 맡겨 주신 사명을 확인하고, 개인의 영적 생활과 교회의 재정유지에 모범이 되어, 주님의 몸 된 교회의 부흥과 사명 감당을 위해 최선을 다할 것을 결심하시기 바랍니다.

찬　송 450장(통 376장) 내 평생 소원 이것뿐 / 다함께

　1. 내 평생 소원 이것뿐 주의 일하다가
　　이 세상 이별하는 날 주 앞에 가리라
　2. 꿈같이 헛된 세상 일 취할 것 무어냐

이 수고 암만 하여도 헛된 것뿐일세

3. 불 같은 시험 많으나 겁내지 맙시다
   구주의 권능 크시니 이기고 남겠네

4. 금보다 귀한 믿음은 참 보배 되도다
   이 진리 믿는 사람들 다 복을 받겠네

5. 살같이 빠른 광음을 주 위해 아끼세
   온 몸과 맘을 바치고 힘써서 일하세. 아멘.

소 개 / 집례자

　지금부터 임원들의 이름을 부르면 자리에서 일어나 주시기 바랍니다.

문 답 / 집례자와 임원

집례자 : 여러분은 주님의 부르심을 받아 우리 교회의 임원이 된 것
　　　　을 감사하며, 기쁜 마음으로 받아 들여 충성을 다하겠습니
　　　　까?

임　원 : 아멘.(혹은 "예, 충성을 다하겠습니다"로 대답한다.)

집례자 : 여러분은 교회 임원의 직임이 귀중한 것임을 깨달아, 주일
　　　　성수와 십일조, 전도와 봉사생활에서 성도의 모범이 되겠
　　　　습니까?

임　원 : 아멘.(혹은 "예, 그렇게 하겠습니다"로 대답한다.)

집례자 : 여러분은 기독교대한감리회의 「교리와 장정」을 준수하고,
　　　　우리 교회의 규례를 따르겠습니까?

임　원 : 아멘.(혹은 "예, 따르겠습니다"로 대답한다.)

집례자 : 여러분은 담임교역자의 목회에 협력하며, 교회의 부흥을 위하여 최선을 다해 헌신하겠습니까?

임　원 : 아멘.(혹은 "예, 헌신하겠습니다."로 대답한다.)

집례자 : 여러분은 가정과 직장과 사회에서 그리스도인으로서 삶의 모범을 보이겠습니까?

임　원 : 아멘.(혹은 "예, 모범을 보이겠습니다."로 대답한다.)

선 서 / 임원

(준비된 순서지를 참고하여 선서한다. 장로가 선서할 때는 모든 장로가 일어서고, 선서한 후에는 앉는다. 다른 임원들도 선서할 때 그렇게 한다.)

장로 : 우리 장로들은

① 담임목사를 도와 예배와 성례 및 그 밖의 행사를 진행할 때 보좌하겠습니다.

② 담임목사를 도와 교회 임원들의 활동을 지도하겠습니다.

③ 교회의 재정 유지를 위해 힘쓰겠습니다.

④ 교인들을 심방하며 신앙을 지도하겠습니다.

권사 : 우리 권사들은

① 담임목사의 지도 아래 낙심자를 권면하고, 불신자를 전도하겠습니다.

② 속회를 분담하여 지도 육성하겠습니다.

③ 교회의 재정 유지를 위해 힘쓰겠습니다.

선교부 임원 : 우리 선교부 임원들은

① 담임목사를 도와 교회의 선교계획을 수립하고, 국내외적인 선교활동을 돕겠습니다.

② 담임목사의 지도에 따라 교인들을 심방하여 낙심자를 권면하고, 불신자를 전도하겠습니다.

③ 교회의 부흥 성장을 위해 기도하며 헌신하겠습니다.

교육부 임원 : 우리 교육부 임원들은

① 담임목사를 도와 기독교 교육과 훈련에 관한 계획을 수립하고 실행하겠습니다.

② 담임목사를 도와 교인들의 교회생활과 사회생활을 위해 교육하고 훈련하는 일에 힘쓰겠습니다.

③ 담임목사를 도와 교회학교의 발전과 활발한 운영을 위해 힘쓰겠습니다.

사회봉사부 임원 : 우리 사회봉사부 임원들은

① 담임목사의 지도 아래 교회와 사회를 위한 봉사활동에 헌신하겠습니다.

② 어려운 이웃을 위해 구제하고 돌보는 일에 힘쓰겠습니다.

③ 지역사회를 위해 봉사하며, 하나님의 뜻이 실현되는 나라가 되게 하기 위하여 최선을 다하겠습니다.

문화부 임원 : 우리 문화부 임원들은

① 담임목사를 도와 교회 음악을 비롯한 각종 예술, 체육활동 등

전반에 관한 계획을 수립하고 이를 시행하겠습니다.

② 찬양대가 아름다운 음악으로 하나님을 찬양하도록 물심양면으로 돕겠습니다.

재무부 임원 : 우리 재무부 임원들은

① 담임목사의 지도 아래 교회 재정의 성장을 위하여 기도하며 힘쓰겠습니다.

② 교회의 수입 지출에 관한 회계업무를 공정하게 처리하고, 재정을 관리하겠습니다.

③ 모든 교역자의 생활비를 담당하겠습니다.

④ 교회 사업의 예산이 달성될 수 있도록 재정 유지에 최선을 다하겠습니다.

관리부 임원 : 우리 관리부 임원들은

① 담임목사의 지도 아래 교회의 재산을 정확히 파악하고 기록하며, 관리하는 일에 최선을 다하겠습니다.

② 교회와 구역 안에 있는 부동산을 정확히 관리하고, 재단법인 기독교대한감리회 유지재단에 편입하여 등기하겠습니다.

③ 교회의 건물과 비품들을 보수하고 관리하는 일에 최선을 다하겠습니다.

속장 : 우리 속장들은

① 담임목사의 지도 아래 교인들을 심방하고, 낙심자를 권면하여 지도하고, 불신자를 전도하겠습니다.

② 속회 인도자와 협력하여 속회를 관리하며, 속회의 변동사항 등 속회 현황을 담임목사에게 보고하겠습니다.

③ 속회 헌금을 재무부에 납입하겠습니다.

④ 속회원이 교회의 모든 의무와 책임을 감당하도록 권장하며, 속회의 부흥을 위해 힘써 기도하며 최선을 다하겠습니다.

집사 : 우리 집사들은

① 교인된 의무를 열심히 수행하여, 신앙생활과 봉사생활에 모범이 되도록 노력하겠습니다.

② 주일성수와 십일조 생활에 최선을 다하겠습니다.

③ 선교회와 속회 활동을 통하여 신앙이 성장하도록 노력하겠습니다.

성경봉독(에베소서 4:11~16) / 맡은이

그가 어떤 사람은 사도로, 어떤 사람은 선지자로, 어떤 사람은 복음 전하는 자로, 어떤 사람은 목사와 교사로 삼으셨으니 이는 성도를 온전하게 하여 봉사의 일을 하게 하며 그리스도의 몸을 세우려 하심이라 우리가 다 하나님의 아들을 믿는 것과 아는 일에 하나가 되어 온전한 사람을 이루어 그리스도의 장성한 분량이 충만한 데까지 이르리니 이는 우리가 이제부터 어린 아이가 되지 아니하여 사람의 속임수와 간사한 유혹에 빠져 온갖 교훈의 풍조에 밀려 요동하지 않게 하려 함이라 오직 사랑 안에서 참된 것을 하여 범사에 그에게까지 자랄지라 그는 머리니 곧 그리스도라 그에게서 온 몸이 각 마디를 통하여 도움을 받음으로 연결되고 결합되어 각 지

체의 분량대로 역사하여 그 몸을 자라게 하며 사랑 안에서 스스로
세우느니라

(참고 / 요한복음 15:16; 고린도전서 4:1~2)

권 면 / 집례자

기 도 / 집례자
    주님의 몸 된 교회를 위하여 일꾼을 세워 역사하시는
    하나님 아버지,
    오늘 임명 받은 임원들이
    맡은 사명에 헌신하기로 결심하였사오니,
    이들에게 신실한 믿음을 허락하옵소서.
    또한 성령의 충만한 은혜로 채워 주사,
    저들의 삶을 주관하시고 인도하여 주시며,
    맡겨진 사명에 최선을 다하는 임원들이 되게 하옵소서.
    각 부서마다 이들의 헌신을 통하여
    세상에서 빛과 소금의 역할을 감당하는
    교회가 되게 하여 주시기를 원합니다.
    이 예식에 참예한 모든 성도에게도 은총을 내려 주사,
    동역의 믿음으로 협력하여,
    교회의 부흥을 이루게 하옵소서.
    우리 주 예수 그리스도의 이름으로 기도합니다. 아멘.

찬　송 323장(통 355장) 부름 받아 나선 이 몸 / 다함께(일어서서)

　1. 부름 받아 나선 이 몸 어디든지 가오리다
　　　괴로우나 즐거우나 주만 따라 가오리니
　　　어느 누가 막으리까 죽음인들 막으리까
　　　어느 누가 막으리까 죽음인들 막으리까
　2. 아골 골짝 빈들에도 복음 들고 가오리다
　　　소돔 같은 거리에도 사랑 안고 찾아가서
　　　종의 몸에 지닌 것도 아낌없이 드리리다
　　　종의 몸에 지닌 것도 아낌없이 드리리다
　3. 존귀 영광 모든 권세 주님 홀로 받으소서
　　　멸시 천대 십자가는 제가 지고 가오리다
　　　이름 없이 빛도 없이 감사하며 섬기리다
　　　이름 없이 빛도 없이 감사하며 섬기리다. 아멘.

축　도 / 담임교역자(또는 맡은이)

교회학교 교사 임명예식

집례 : 담임교역자

예식사 / 집례자

사랑하는 성도 여러분, 이제 교회학교 교사들을 임명하는 예식을 거행합니다. 교회학교 교사는 주님의 몸된 교회 안에서 신앙을 가르치는 중요한 직임입니다.

이 시간 이 예식을 통하여 하나님께서 교사에게 맡기신 사명을 확인하며, 우리 자녀들의 신앙성장과 교회학교의 부흥을 위하여 최선을 다해 헌신할 것을 결심하시기 바랍니다.

소 개 / 교육부장

(앞자리에 앉은 교회학교 교사들을 한 사람씩 불러 교인들을 바라보며 서게 한다.)

이 사람들을 우리 ○○교회 교회학교 교사로 임명하기 위하여 소개합니다.

문 답 / 집례자와 교사

집례자 : 여러분은 주님의 명을 받아 교회학교 교사가 된 것을 감사하며, 기쁜 마음으로 받아들입니까?

교 사 : 아멘.(혹은 "예, 기쁨으로 받아들입니다."로 대답한다.)

집례자 : 여러분은 교회학교 교사의 직임이 귀중함을 깨달아, 성령
　　　　의 도우심을 받아 맡은 사명에 최선을 다하겠습니까?

교　　사 : 아멘.(혹은 "예, 최선을 다하겠습니다."로 대답한다.)

집례자 : 여러분은 기독교대한감리회 「교리와 장정」을 준수하고,
　　　　우리 교회의 규례를 따르겠습니까?

교　　사 : 아멘.(혹은 "예, 따르겠습니다."로 대답한다.)

집례자 : 여러분은 교회학교가 부흥하도록 최선을 다해 헌신하겠
　　　　습니까?

교　　사 : 아멘.(혹은 "예, 헌신하겠습니다."로 대답한다.)

성경봉독(에베소서 4:11~12) / 맡은이

　그가 어떤 사람은 사도로, 어떤 사람은 선지자로, 어떤 사람은
복음 전하는 자로, 어떤 사람은 목사와 교사로 삼으셨으니 이는 성
도를 온전하게 하여 봉사의 일을 하게 하며 그리스도의 몸을 세우
려 하심이라

권　면 / 집례자

선　서 / 교사

(오른손을 들고 한 목소리로 선서한다.)

　우리는 교회의 머리가 되시는 예수 그리스도의 부르심에 따라
기독교대한감리회 ○○교회 교회학교 교사로서, 맡겨진 직무에 최
선을 다하여 헌신할 것을 하나님 앞에서 엄숙히 선서합니다.

선 언 / 집례자

(다음과 같이 선언하면, 참석자들은 모두 박수한다.)

교회의 머리가 되시는 예수 그리스도의 이름으로
기독교대한감리회 「교리와 장정」,
○○교회의 규례에 따라
○○○ 외 ○○명이 교회학교 교사로 임명되었음을
선언합니다.

임명장 수여 / 집례자(또는 맡은이)

(가급적 모든 교사에게 수여하되, 상황에 따라 각 부 교사 대표 한 사람
에게만 수여할 수도 있다.)

기 도 / 집례자

사랑과 은혜가 충만하신 하나님 아버지,
오늘 임명받은 교회학교 교사들이
맡은 사명에 헌신하기로 결심하였사오니,
이들에게 신실한 믿음을 허락하사,
교회의 교육적 사명을 잘 감당하게 하옵소서.
또한 성령의 충만한 은사와 지혜로 채워 주셔서,
주님의 말씀을 가르치는 교사로서 부족함이 없게 하시고,
이들의 모든 삶을 주관하사, 영육 간에 강건함으로 인도하옵소서.
이들에게서 가르침을 받는 어린이들과 학생들이
구원의 진리를 깨달아, 영원한 생명에 이르게 하옵소서.
우리 주 예수 그리스도의 이름으로 기도합니다. 아멘.

찬　송 333장(통 381장) 충성하라 죽도록 / 다함께(일어서서)

1. 충성하라 죽도록 충성하라 주님께
   슬픔이나 괴로움이 주의 사랑 못 끊으리
   충성하라 죽도록 충성하라 끝까지
2. 충성하라 죽도록 충성하라 주님께
   찬란하다 저 면류관 들려온다 주의 음성
   충성하라 죽도록 충성하라 끝까지
3. 충성하라 죽도록 충성하라 주님께
   항상 내가 힘쓰오니 주님 나를 도우소서
   충성하라 죽도록 충성하리 끝까지. 아멘.

축　도 / 담임교역자(또는 맡은이)

찬양대원 임명예식

(찬양대원 임명예식은 예배 순서에 넣어 행한다. 담임교역자가 찬양대원과 함께 찬양대장, 지휘자, 반주자를 앞으로 나와 앉게 한다.)

집례 : 담임교역자

예식사 / 집례자

　사랑하는 성도 여러분, 우리가 하나님께 예배드릴 때에 그 거룩하신 이름에 합당한 찬양을 드림은 우리의 마땅한 본분입니다. 찬양대원 여러분은 하나님께 찬양을 드리는 임무의 귀중함을 깨닫고, 이 사명에 충성을 다해야 할 것입니다.

소　개 / 문화부장
(찬양대원과 함께 찬양대장, 지휘자, 반주자를 한 사람씩 불러 회중 앞에 서게 한다.)

　이 사람들을 우리 ○○교회 찬양대원으로 임명하기 위하여 소개합니다.

문　답 / 집례자와 찬양대원
집 례 자 : 여러분은 주님의 명을 받아 찬양대원이 된 것을 감사하며, 기쁜 마음으로 받아들입니까?

찬양대원 : 아멘.(혹은 "예, 기쁨으로 받아들입니다."로 대답한다.)

집 례 자 : 여러분은 찬양대원의 직임이 귀중함을 깨달아, 신앙과
생활에 흠이 없도록 노력하며, 맡은 사명에 최선을 다하
겠습니까?

찬양대원 : 아멘.(혹은 "예, 그렇게 하겠습니다."로 대답한다)

집 례 자 : 기독교대한감리회의 「교리와 장정」을 준수하고, 우리 교
회의 규례를 따르겠습니까?

찬양대원 : 아멘.(혹은 "예, 따르겠습니다."로 대답한다.)

집 례 자 : 여러분은 성전에서 예배드릴 때에 경건하기를 힘쓰며,
모든 예배자의 모범이 되도록 노력하겠습니까?

찬양대원 : 아멘.(혹은 "예 모범이 되도록 노력하겠습니다."로 대답한다.)

성경봉독 (골로새서 3:16~17) / 맡은이

그리스도의 말씀이 너희 속에 풍성히 거하여 모든 지혜로 피차
가르치며 권면하고 시와 찬송과 신령한 노래를 부르며 감사하는
마음으로 하나님을 찬양하고 또 무엇을 하든지 말에나 일에나 다
주 예수의 이름으로 하고 그를 힘입어 하나님 아버지께 감사하라

권 면 / 집례자

선 서 / 찬양대원(오른손을 들고 한 목소리로 선서한다.)

우리는 교회의 머리가 되시는 예수 그리스도의 부르심에 따라
기독교대한감리회 ○○교회의 찬양대원이 되어, 우리에게 맡겨진
찬양의 사명에 최선을 다하여 헌신할 것을 하나님 앞에서 엄숙히

선서합니다.

선 언 / 집례자

(다음과 같이 선언하면, 참석자들은 모두 박수한다.)

　　교회의 머리가 되시는 예수 그리스도의 이름으로

　　기독교대한감리회 「교리와 장정」과

　　○○교회의 규례에 따라

　　○○○ 외 ○○명이 찬양대원으로 임명되었음을

　　선언합니다. 아멘.

임명장 수여 / 집례자(또는 맡은이)

기 도 / 집례자

　　영광과 찬양을 받으시기에 합당하신 하나님 아버지,

　　오늘 임명받은 찬양대원들에게

　　성령의 은혜로 충만히 채워 주사,

　　이들의 마음에 시와 찬미와 신령한 노래가 흘러넘치게 하시고,

　　거룩한 찬양으로 하나님께 영광을 돌리게 하옵소서.

　　또한 이들이 하나님의 성호를 찬양하기에 부족함이 없도록

　　믿음과 삶의 모범이 되게 하시고, 성별된 삶으로 인도하옵소서.

　　우리 주 예수 그리스도의 이름으로 기도합니다. 아멘.

찬 송 196장(통 174장) 성령의 은사를 / 다함께(일어서서)

1. 성령의 은사를 나에게 채우사
   주님의 사랑 본받아 나 살게 하소서
2. 성령의 은사를 나에게 채우사
   정결한 마음 가지고 나 행케 하소서
3. 성령의 은사를 나에게 채우사
   더러운 세상 탐욕을 다 태워 주소서
4. 성령의 은사를 나에게 채우사
   영원한 주님 나라에 나 살게 하소서. 아멘.

축 도 / 담임교역자(또는 맡은이)

VII. 기공 및 봉헌 · 교회 설립

예배당 기공예식

예식사 / 집례자

사랑하는 성도 여러분, 오늘 우리는 하나님의 뜻 안에서 ○○교회의 예배당을 기공하기 위하여 모였습니다. 예배당은 예배와 성례를 행하고, 복음을 선포하고 가르치며, 선교와 봉사의 사명을 감당하기 위하여 성별된 장소입니다. 이제 하나님께서 이 일에 함께 하셔서 도와주실 것을 믿으며, 예배당을 지을 수 있도록 인도해 주신 하나님께 감사하는 마음으로 기공예식을 거행합니다.

조용한 기도(전주) / 다함께

(전주 중에 집례자는 아래의 성경구절을 낭독한다.)

만군의 여호와여 주의 장막이 어찌 그리 사랑스러운지요 내 영혼이 여호와의 궁정을 사모하여 쇠약함이여 내 마음과 육체가 살아 계시는 하나님께 부르짖나이다(시편 84:1~2)

찬　송 208장(통 246장) 내 주의 나라와 / 다함께(일어서서)

　1. 내 주의 나라와 주 계신 성전과

　　　피 흘려 사신 교회를 늘 사랑합니다

　2. 내 주의 교회는 천성과 같아서

눈동자 같이 아끼사 늘 보호하시네

3. 이 교회 위하여 눈물과 기도로
   내 생명 다하기까지 늘 봉사합니다
4. 성도의 교제와 교회의 위로와
   구주와 맺은 언약을 늘 기뻐합니다
5. 하늘의 영광과 베푸신 은혜가
   진리와 함께 영원히 시온에 넘치네. 아멘.

기 도 / 맡은이

(기도를 맡은이는 상황에 따라 기도의 내용을 추가할 수 있다.)

전능하신 하나님 아버지,
오늘 이곳에 하나님이 기뻐하시는 성전건축을 위하여
기공예식을 행하게 하심을 감사합니다.
우리가 주님의 영광을 위하여 마련한 이 땅을
거룩하게 구별하여 주옵시고,
성전건축을 위하여 물심양면으로 헌신하는 주님의 종들에게
복을 내려 주옵소서.
시작하게 하신 주님께서 완공하기까지 주관하시고,
이 자리에 아름답고 훌륭한 하나님의 전이 건축되게 하옵소서.
또한 건물이 지어질 때마다
성도의 믿음이 함께 성장하게 하옵소서.
특별히 공사의 모든 과정이 순조롭게 진행되게 하시며,
완공의 그날까지 현장에서 일하는 모든 사람의 건강과 안전을
지켜 주옵소서.

날마다 건축의 과정 중에 하나님의 인도하심을 체험하게 하여
주시기를 원하오며,
우리 주 예수 그리스도의 이름으로 기도합니다. 아멘.

성경봉독(에베소서 2:20~22) / 맡은이
너희는 사도들과 선지자들의 터 위에 세우심을 입은 자라 그리
스도 예수께서 친히 모퉁잇돌이 되셨느니라 그의 안에서 건물마다
서로 연결하여 주 안에서 성전이 되어 가고 너희도 성령 안에서 하
나님이 거하실 처소가 되기 위하여 그리스도 예수 안에서 함께 지
어져 가느니라
(참고 / 학개 1:8~9; 베드로전서 2:4~8; 시편 127:1)

찬 양 / 찬양대

말씀선포 / 맡은이

교회연혁과 교세현황 보고 / 장로(또는 임원 중에서)
(상세한 내역은 순서지에 인쇄하도록 하고, 보고는 간단하게 한다.)

건축준비 경과보고 / 건축위원장

설계설명과 공사진 소개 / 건축위원장

기공을 위한 교독 / 다함께(일어서서)

집례자 : 어린이들이 은혜와 진리 안에서, 하나님의 사랑을 받으며
　　　　자라날 예배당을 이곳에 세우기 위하여

회　　중 : 우리가 오늘 이 땅을 팝니다.

집례자 : 젊은이들이 예배하고, 기도하며, 봉사하면서 그리스도인
　　　　으로 성장하게 될 예배당을 이곳에 세우기 위하여

회　　중 : 우리가 오늘 이 땅을 팝니다.

집례자 : 주님의 말씀이 선포되고 성례가 행하여짐으로, 하나님의
　　　　구원역사가 이루어지는 예배당을 이곳에 세우기 위하여

회　　중 : 우리가 오늘 이 땅을 팝니다.

집례자 : 수고하고 무거운 짐 진 자들이 마음의 평안을 얻고, 모든
　　　　고통에서 자유와 해방을 누리며, 죄에서 구원함을 받을 예
　　　　배당을 이곳에 세우기 위하여

회　　중 : 우리가 오늘 이 땅을 팝니다.

집례자 : 그 안에서 겸손히 엎드려 믿음으로 순종하는 모든 사람에
　　　　게 영원한 생명이 주어질 예배당을 이곳에 세우기 위하여

회　　중 : 우리가 오늘 이 땅을 팝니다.

선　언 / 집례자

이곳에 ○○교회의 예배당을 건축함에 있어,
성도 여러분에게 예배당을 봉헌할 책임과 특권이 주어졌습니다.
이제 하나님의 영광을 위하여
기독교대한감리회 ○○교회의 예배당 건축이 기공되었음을
성부와 성자와 성령의 이름으로 선언합니다. 아멘.

교회에 부탁하는 말씀 / 내빈 중에서

감사의 인사와 알리는 말씀 / 장로(또는 임원 중에서)

찬 송 204장(통 379장) 주의 말씀 듣고서 / 다함께(일어서서)
  1. 주의 말씀 듣고서 준행하는 자는
     반석 위에 터 닦고 집을 지음 같아
     비가 오고 물 나며 바람 부딪쳐도
     반석 위에 세운 집 무너지지 않네
  2. 주의 말씀 듣고도 행치 않는 자는
     모래 위에 터 닦고 집을 지음 같아
     비가 오고 물 나며 바람 부딪칠 때
     모래 위에 세운 집 크게 무너지네
  3. 세상 모든 사람들 집을 짓는 자니
     반석 위가 아니면 모래 위에 짓네
     우리 구주 오셔서 지은 상을 줄 때
     세운 공로 따라서 영영 상벌 주리
  (후렴) 잘 짓고 잘 짓세 우리 집 잘 짓세
       만세 반석 위에다 우리 집 잘 짓세.

축 도 / 맡은이

리본테이프 끊기와 삽 뜨기 / 맡은이

 (안내위원들은 맡은이들의 순서와 서열에 착오가 없도록 신중히 안내
한다.)

　　① 담임교역자　② 건축위원장　③ 내빈 등

※참고 : 이상의 순서는 시간과 규모에 따라 필요한 순서만 취택하고

　　　　조정할 수 있다.

예배당 정초예식

(이 예식은 일반 예배 때에 할 수도 있고, 따로 할 수도 있다. 다음 순서는 따로 한 경우이다. 정한 장소에 머릿돌을 미리 가져다 놓고 교역자는 그 옆에 서서 예식을 행한다.)

집례 : 담임교역자

예식사 / 집례자

사랑하는 성도 여러분, 우리는 하나님의 뜻을 따라 예배당의 머릿돌을 놓기 위하여 모였습니다. 우리가 이 일을 행할 때에 주님께서 교회의 머리가 되심을 기억하고, 예배당 건축이 완공되어 하나님께 봉헌할 때까지 주님의 도우심이 함께하시기를 간구하는 마음으로 정초예식을 거행합니다.

조용한 기도(전주) / 다함께

(전주 중에 집례자는 아래의 성경구절을 낭독한다.)

우리의 도움은 천지를 지으신 여호와의 이름에 있도다(시편 124:8)

여호와께서 집을 세우지 아니하시면 세우는 자의 수고가 헛되며 여호와께서 성을 지키지 아니하시면 파수꾼의 깨어 있음이 헛되도다(시편 127:1)

찬　송 210장(통 245장) 시온성과 같은 교회 / 다함께(일어서서)

　1. 시온성과 같은 교회 그의 영광 한없다
　　　허락하신 말씀대로 주가 친히 세웠다
　　　반석 위에 세운 교회 흔들 자가 누구랴
　　　모든 원수 에워싸도 아무 근심 없도다

　2. 생명 샘이 솟아나와 모든 성도 마시니
　　　언제든지 흘러넘쳐 부족함이 없도다
　　　이런 물이 흘러가니 목마를 자 누구랴
　　　주의 은혜 풍족하여 넘치고도 넘친다

　3. 주의 은혜 내가 받아 시온 백성 되는 때
　　　세상 사람 비방해도 주를 찬송하리라
　　　세상 헛된 모든 영광 아침 안개 같으나
　　　주의 자녀 받을 복은 영원무궁하도다. 아멘.

교　독 / 다함께(일어서서)

집례자 : 성전 터 위에 서는 자는 복이 있나니

회　중 : 여호와의 이름이 그 위에 있나이다

집례자 : 성전 돌을 놓는 자는 참되니

회　중 : 여호와의 눈이 떠나지 않고 살피시리로다

집례자 : 성전을 마음에 두는 자는 평안함이 있나니

회　중 : 우리가 여호와께 단을 쌓으며 그 앞에 돌을 놓으리니 이 집
　　　　은 만민이 여호와를 섬기는 거룩한 곳이요, 복된 곳이라 일
　　　　컬을 것임이로다

송　영 3장(통 2장) 성부 성자와 성령 / 다함께(일어서서)

　　성부 성자와 성령 찬송과 영광 돌려보내세

　　태초로 지금까지 또 영원무궁토록

　　성삼위께 영광 영광. 아멘.

기　도 / 맡은이

(기도를 맡은이는 상황에 따라 기도의 내용을 추가할 수 있다.)

　　전능하시고 영원하신 하나님 아버지,

　　언제나 우리와 함께하사, 성전건축의 모든 공정이

　　주님의 계획 가운데 진행되게 하심을 감사합니다.

　　우리가 하나님의 교회를 세우고자, 머릿돌을 여기에 놓사오니,

　　이 돌을 주초로 하여 이곳에 세워질 예배당 안에서

　　주님의 이름으로 하나님께 예배하며

　　주님의 영광을 나타내게 하여 주옵소서.

　　교회의 머리이신

　　우리 주 예수 그리스도의 이름으로 기도합니다. 아멘.

성경봉독 (에베소서 2:19~22) / 맡은이

(아래의 성경구절을 봉독한다. 또는 말씀선포와 관련된 성경구절을 봉독
한다.)

　　그러므로 이제부터 너희는 외인도 아니요 나그네도 아니요 오직
성도들과 동일한 시민이요 하나님의 권속이라 너희는 사도들과 선
지자들의 터 위에 세우심을 입은 자라 그리스도 예수께서 친히 모
퉁잇돌이 되셨느니라 그의 안에서 건물마다 서로 연결하여 주 안

에서 성전이 되어 가고 너희도 성령 안에서 하나님이 거하실 처소
가 되기 위하여 그리스도 예수 안에서 함께 지어져 가느니라

찬 양 / 찬양대(또는 중창단)(형편에 따라 생략할 수도 있다.)

말씀선포 / 맡은이

봉헌과 봉헌기도 / 맡은이(형편에 따라 생략할 수도 있다.)

머릿돌 놓기 / 집례자
(머릿돌에 넣을 상자 안에 있는 물건들을 일일이 회중에게 보인다. 그 속
에는 성경, 찬송가, 「교리와 장정」, 예배서, 교회연혁, 교회기관지, 교회
월력, 교회 담임교역자와 건축위원 및 교회임원의 명부록과 그 밖의 필
요한 문부(문서와 장부)나 물건들을 넣는다. 집례자가 상자를 돌 속에 넣
고 그 돌을 반듯하게 놓은 뒤에 다음 성경구절을 읽는다.)
　　그런즉 이제 너는 삼갈지어다 여호와께서 너를 택하여 성전의
건물을 건축하게 하셨으니 힘써 행할지니라 하니라(역대상 28:10)

　　또 그 아들 솔로몬에게 이르되 너는 강하고 담대하게 이 일을
행하라 두려워하지 말며 놀라지 말라 네가 여호와의 성전 공사의
모든 일을 마치기까지 여호와 하나님 나의 하나님이 너와 함께 계
시사 네게서 떠나지 아니하시고 너를 버리지 아니하시리라(역대상
28:20)

내게 주신 하나님의 은혜를 따라 내가 지혜로운 건축자와 같이 터를 닦아 두매 다른 이가 그 위에 세우나 그러나 각각 어떻게 그 위에 세울까를 조심할지니라 이 닦아 둔 것 외에 능히 다른 터를 닦아 둘 자가 없으니 이 터는 곧 예수 그리스도라(고린도전서 3:10~11)

선언과 화답 / 집례자와 회중

집례자 : 내가 성부와 성자와 성령의 이름으로 이 예배당의 머릿돌
　　　　을 놓았으니, 전능하신 주님의 이름을 찬양합니다.
회　중 : 우리가 주님의 이름을 찬양합니다.
다함께 : 할렐루야, 아멘.

기　도 / 맡은이

　전능하신 하나님 아버지,
　우리가 주님의 거룩하신 이름을 찬양하며
　여기에 머릿돌을 놓았사오니,
　이 주초 위에 아름답고 거룩한 예배당이 완성될 때까지
　주님께서 함께하시고, 인도하여 주옵소서.
　예배당 건축에 필요한 재물을 드리는 성도와,
　몸으로 헌신하는 이들에게 복을 내려 주시고,
　건축에 종사하는 이들을
　사고와 위험에서 보호하여 주시기를 원합니다.
　이제 건축의 모든 과정 중에
　온 성도의 마음과 정성이 하나 되게 하시며,
　믿음의 반석 위에 아름다운 성전이 세워지게 하옵소서.

교회의 머리이신

예수 그리스도의 이름으로 기도합니다. 아멘.

찬 송 208장(통 246장) 내 주의 나라와 / 다함께(일어서서)

1. 내 주의 나라와 주 계신 성전과

   피 흘려 사신 교회를 늘 사랑합니다

2. 내 주의 교회는 천성과 같아서

   눈동자 같이 아끼사 늘 보호하시네

3. 이 교회 위하여 눈물과 기도로

   내 생명 다하기까지 늘 봉사합니다

4. 성도의 교제와 교회의 위로와

   구주와 맺은 언약을 늘 기뻐합니다

5. 하늘의 영광과 베푸신 은혜가

   진리와 함께 영원히 시온에 넘치네. 아멘.

축 도 / 맡은이

예배당 입당(성별)예식

(이 예식은 예배당만이 아니라 교육관, 교회 주택을 건축했거나 새로 마련하고 입당(성별)하는 데도 사용한다. 이 예식은 회중이 서서 시작한다.)

집례 : 담임교역자

리본테이프 끊기 / 맡은이들
(담임교역자, 건축위원장, 순서를 맡은 사람들이 예배당 출입문 앞에 설치된 리본테이프를 함께 끊는다. 리본테이프를 끊을 때 회중은 축하의 박수를 친다.)

입당 행진 / 맡은이들
(반주에 맞추어 담임교역자, 건축위원장, 순서맡은 이들, 찬양대, 회중 순으로 중앙 통로를 통하여 들어가 각기 제 위치에 착석한다.)

예식사 / 집례자
  사랑하는 성도 여러분, 예배당(교육관, 목사관)을 건축하고 입당하게 하시는 하나님의 은혜에 감사하는 마음으로 입당예식을 거행합니다.

조용한 기도 (전주) / 다함께

(전주 중에 집례자는 아래의 성경구절을 낭독한다.)

여호와여 주의 장막에 머무를 자 누구오며 주의 성산에 사는 자
누구오니이까 정직하게 행하며 공의를 실천하며 그의 마음에 진실
을 말하며 그의 혀로 남을 허물하지 아니하고 그의 이웃에게 악을
행하지 아니하며 그의 이웃을 비방하지 아니하며 그의 눈은 망령
된 자를 멸시하며 여호와를 두려워하는 자들을 존대하며 그의 마
음에 서원한 것은 해로울지라도 변하지 아니하며 이자를 받으려고
돈을 꾸어 주지 아니하며 뇌물을 받고 무죄한 자를 해하지 아니하
는 자이니 이런 일을 행하는 자는 영원히 흔들리지 아니하리이다
(시편 15:1~5)

찬 송 208장(통 246장) 내 주의 나라와 / 다함께(일어서서)

1. 내 주의 나라와 주 계신 성전과
   피 흘려 사신 교회를 늘 사랑합니다
2. 내 주의 교회는 천성과 같아서
   눈동자 같이 아끼사 늘 보호하시네
3. 이 교회 위하여 눈물과 기도로
   내 생명 다하기까지 늘 봉사합니다
4. 성도의 교제와 교회의 위로와
   구주와 맺은 언약을 늘 기뻐합니다
5. 하늘의 영광과 베푸신 은혜가
   진리와 함께 영원히 시온에 넘치네. 아멘.

교 독 교독문 35번(통 19번) / 다함께(일어서서)

집례자 : 만군의 여호와여 주의 장막이 어찌 그리 사랑스러운지요

회　중 : 내 영혼이 여호와의 궁정을 사모하여 쇠약함이여

집례자 : 내 마음과 육체가 살아 계시는 하나님께 부르짖나이다

회　중 : 나의 왕, 나의 하나님, 만군의 여호와여

집례자 : 주의 제단에서 참새도 제 집을 얻고 제비도 새끼 둘 보금
　　　　자리를 얻었나이다

회　중 : 주의 집에 사는 자들은 복이 있나니 그들이 항상 주를 찬송
　　　　하리이다

집례자 : 주께 힘을 얻고 그 마음에 시온의 대로가 있는 자는 복이
　　　　있나이다

회　중 : 그들이 눈물 골짜기로 지나갈 때에

집례자 : 그 곳에 많은 샘이 있을 것이며 이른 비가 복을 채워 주나
　　　　이다

회　중 : 주의 궁정에서의 한 날이 다른 곳에서의 천 날보다 나은즉

집례자 : 악인의 장막에 사는 것보다 내 하나님의 성전 문지기로 있
　　　　는 것이 좋사오니

회　중 : 만군의 여호와여 주께 의지하는 자는 복이 있나이다

송 영 3장(통 2장) 성부 성자와 성령 / 다함께(일어서서)

　성부 성자와 성령 찬송과 영광 돌려보내세

　태초로 지금까지 또 영원무궁토록

　성삼위께 영광 영광. 아멘.

기 도 / 맡은이

(회중이 앉은 후에 기도한다. 기도를 맡은이는 상황에 따라 기도의 내용을 추가할 수 있다.)

사랑과 은혜가 충만하신 하나님 아버지,

주님의 백성이 주의 거룩한 전에 모여 예배드림을

기뻐 받으시는 줄로 믿습니다.

주님의 이름에 합당한 영광을 돌리기 위하여

우리가 드리는 이 집을 성별하여 주옵소서.

이 성소에서 평안과 기쁨을 얻게 하시고,

주님의 영광이 빛나게 하시며,

우리와 이곳을 찾아오는 모든 이에게 복을 내려 주옵소서.

이 성소에서 주의 말씀으로 구원을 누리게 하시며,

우리가 이곳에 모여 기도할 때마다 주님의 음성을 듣게 하시고,

주님의 뜻에 순종하며, 헌신할 수 있는 믿음을 더하여 주옵소서.

앞으로 남은 공사 위에 주님께서 함께하여 주시고,

성전이 봉헌되는 그날까지

모든 성도에게 믿음과 지혜와 권능을 허락하여 주옵소서.

우리 주 예수 그리스도의 이름으로 기도합니다. 아멘.

성경봉독 / 맡은이

(예배당 입당을 위해서는 열왕기상 8:22~30; 고린도전서 3:9~23; 히브리서 10:19~25 중에 하나를 선택하여 봉독한다.)

솔로몬이 여호와의 제단 앞에서 이스라엘의 온 회중과 마주서서 하늘을 향하여 손을 펴고 이르되 이스라엘의 하나님 여호와여 위

로 하늘과 아래로 땅에 주와 같은 신이 없나이다 주께서는 온 마음
으로 주의 앞에서 행하는 종들에게 언약을 지키시고 은혜를 베푸
시나이다 주께서 주의 종 내 아버지 다윗에게 하신 말씀을 지키사
주의 입으로 말씀하신 것을 손으로 이루심이 오늘과 같으니이다
이스라엘의 하나님 여호와여 주께서 주의 종 내 아버지 다윗에게
말씀하시기를 네 자손이 자기 길을 삼가서 네가 내 앞에서 행한 것
같이 내 앞에서 행하기만 하면 네게서 나서 이스라엘의 왕위에 앉
을 사람이 내 앞에서 끊어지지 아니하리라 하셨사오니 이제 다윗
을 위하여 그 하신 말씀을 지키시옵소서 그런즉 이스라엘의 하나
님이여 원하건대 주는 주의 종 내 아버지 다윗에게 하신 말씀이 확
실하게 하옵소서 하나님이 참으로 땅에 거하시리이까 하늘과 하늘
들의 하늘이라도 주를 용납하지 못하겠거든 하물며 내가 건축한
이 성전이오리이까 그러나 내 하나님 여호와여 주의 종의 기도와
간구를 돌아보시며 이 종이 오늘 주 앞에서 부르짖음과 비는 기도
를 들으시옵소서 주께서 전에 말씀하시기를 내 이름이 거기 있으
리라 하신 곳 이 성전을 향하여 주의 눈이 주야로 보시오며 주의 종
이 이 곳을 향하여 비는 기도를 들으시옵소서 주의 종과 주의 백성
이스라엘이 이 곳을 향하여 기도할 때에 주는 그 간구함을 들으시
되 주께서 계신 곳 하늘에서 들으시고 들으시사 사하여 주옵소서
(열왕기상 8:22~30)

(교육관 입당을 위해서는 에베소서 4:1~13; 마태복음 28:19~20 중에 하
나를 선택하여 봉독한다.)

그러므로 주 안에서 갇힌 내가 너희를 권하노니 너희가 부르심

을 받은 일에 합당하게 행하여 모든 겸손과 온유로 하고 오래 참음으로 사랑 가운데서 서로 용납하고 평안의 매는 줄로 성령이 하나 되게 하신 것을 힘써 지키라 몸이 하나요 성령도 한 분이시니 이와 같이 너희가 부르심의 한 소망 안에서 부르심을 받았느니라 주도 한 분이시요 믿음도 하나요 세례도 하나요 하나님도 한 분이시니 곧 만유의 아버지시라 만유 위에 계시고 만유를 통일하시고 만유 가운데 계시도다 우리 각 사람에게 그리스도의 선물의 분량대로 은혜를 주셨나니 그러므로 이르기를 그가 위로 올라가실 때에 사로잡혔던 자들을 사로잡으시고 사람들에게 선물을 주셨다 하였도다 올라가셨다 하였은즉 땅 아래 낮은 곳으로 내리셨던 것이 아니면 무엇이냐 내리셨던 그가 곧 모든 하늘 위에 오르신 자니 이는 만물을 충만하게 하려 하심이라 그가 어떤 사람은 사도로, 어떤 사람은 선지자로, 어떤 사람은 복음 전하는 자로, 어떤 사람은 목사와 교사로 삼으셨으니 이는 성도를 온전하게 하여 봉사의 일을 하게 하며 그리스도의 몸을 세우려 하심이라 우리가 다 하나님의 아들을 믿는 것과 아는 일에 하나가 되어 온전한 사람을 이루어 그리스도의 장성한 분량이 충만한 데까지 이르리니(에베소서 4:1~13)

(목사관 입당을 위해서는 요한일서 1:1~10을 봉독한다.)

태초부터 있는 생명의 말씀에 관하여는 우리가 들은 바요 눈으로 본 바요 자세히 보고 우리의 손으로 만진 바라 이 생명이 나타내신 바 된지라 이 영원한 생명을 우리가 보았고 증언하여 너희에게 전하노니 이는 아버지와 함께 계시다가 우리에게 나타내신 바 된 이시니라 우리가 보고 들은 바를 너희에게도 전함은 너희로 우리와 사귐이 있게 하려 함이니 우리의 사귐은 아버지와 그의 아들 예수 그리스도와 더불어 누림이라 우리가 이것을 씀은 우리의 기쁨이 충만하게 하려 함이라 우리가 그에게서 듣고 너희에게 전하는 소식은 이것이니 곧 하나님은 빛이시라 그에게는 어둠이 조금도 없으시다는 것이니라 만일 우리가 하나님과 사귐이 있다 하고 어둠에 행하면 거짓말을 하고 진리를 행하지 아니함이거니와 그가 빛 가운데 계신 것 같이 우리도 빛 가운데 행하면 우리가 서로 사귐이 있고 그 아들 예수의 피가 우리를 모든 죄에서 깨끗하게 하실 것이요 만일 우리가 죄가 없다고 말하면 스스로 속이고 또 진리가 우리 속에 있지 아니할 것이요 만일 우리가 우리 죄를 자백하면 그는 미쁘시고 의로우사 우리 죄를 사하시며 우리를 모든 불의에서 깨끗하게 하실 것이요 만일 우리가 범죄하지 아니하였다 하면 하나님을 거짓말하는 이로 만드는 것이니 또한 그의 말씀이 우리 속에 있지 아니하니라(요한일서 1:1~10)

찬 양 / 찬양대

말씀선포 / 맡은이

신앙고백(감리회 신앙고백) / 다함께

집례자 : 우리는 우주 만물을 창조하시고 섭리하시며 주관하시는
거룩하시고 자비하시며 오직 한 분이신 아버지 하나님을
믿습니다.

회　중 : 우리는 말씀이 육신이 되어 우리 가운데 오셔서 하나님의

나라를 선포하시고 십자가에 달려 죽으셨다가 부활승천 하심으로 대속자가 되시고 구세주가 되시는 예수 그리스도를 믿습니다.

집례자 : 우리는 우리와 함께 계셔서 우리를 거듭나게 하시고 거룩하게 하시며 완전하게 하시며 위안과 힘이 되시는 성령을 믿습니다.

회　중 : 우리는 성령의 감동으로 기록된 하나님의 말씀인 성경이 구원에 이르는 도리와 신앙생활에 충분한 표준이 됨을 믿습니다.

집례자 : 우리는 하나님의 은혜로 믿음을 통해 죄 사함을 받아 거룩해지며 하나님의 구원의 역사에 동참하도록 부름 받음을 믿습니다.

회　중 : 우리는 예배와 친교, 교육과 봉사, 전도와 선교를 위해 하나가 된 그리스도의 몸인 교회를 믿습니다.

집례자 : 우리는 만민에게 복음을 전파함으로 하나님의 정의와 사랑을 나누고 평화의 세계를 이루는 모든 사람들이 하나님 앞에 형제 됨을 믿습니다.

회　중 : 우리는 예수 그리스도의 재림과 심판, 우리 몸의 부활과 영생 그리고 의의 최후 승리와 영원한 하나님 나라를 믿습니다. 아멘.

찬　송 209장(통 247장) 이 세상 풍파 심하고 / 다함께

　1. 이 세상 풍파 심하고 또 환난 길고 많으나
　　 나 편히 쉬게 될 곳은 주 예비하신 주의 전

2. 그 향기로운 기름을 주 내게 부어 주셔서
   내 기쁨 더해 주는 곳 주 피로 사신 주의 전
3. 주 믿는 형제 자매들 그 몸은 떠나 있으나
   주 앞에 기도드릴 곳 다함께 모일 주의 전
4. 내 손과 혀가 굳어도 내 몸의 피가 식어도
   나 영영 잊지 못할 곳 은혜의 보좌 주의 전. 아멘.

봉 헌 / 다함께
(봉헌송과 봉헌기도를 포함할 수 있다.)

건축 경과보고 / 건축위원장

선 언 / 맡은이
(감독이나 감리사가 참석했을 때는 이 순서를 맡는다.)
　　우리가 주님의 이름으로 행한 이 역사를
　　하나님 아버지께서 열납하여 주실 줄 믿으며,
　　나는 이 집이
　　전능하신 하나님의 영광을 위하여 주님께 드려졌음을
　　성부와 성자와 성령의 이름으로 선언합니다. 아멘.

(예배당 입당일 경우 아래의 내용을 첨부한다.)
　　하나님의 말씀을 선포하기 위하여, 성례를 거행하기 위하여,
　　죄인들의 회개를 위하여,
　　성도의 신령한 예배를 위하여,

온 세상의 구원을 위하여,
우리가 성부와 성자와 성령의 이름으로
이 건물을 성별합니다. 아멘.

(교육관 입당일 경우 아래의 내용을 첨부한다.)
성경의 진리를 가르치기 위하여,
성도의 거룩한 사귐과 봉사를 위하여,
우리가 성부와 성자와 성령의 이름으로
이 건물을 성별합니다. 아멘.

입당기도 / 맡은이

(선언을 맡은 이가 선언 후에 이어서 다음과 같이 기도한다.)
거룩하신 하나님 아버지,
우리가 주님의 은혜와 성령의 인도하심으로 이 전을 건축하게
하시고, 주님의 집으로 성별하게 하심을 감사합니다.
이제부터 우리가 이 전에 모여 하나님께 예배하게 하시며,
주님께 영광을 돌리게 하여 주옵소서.
주님께서 이 성소에 함께하사,
우리의 기도를 들으시고 응답하시며, 회개할 때에 용서하시고,
이곳을 찾는 모든 이가 복음을 받아들이고,
주님의 증인이 되어
선교와 봉사의 사명을 감당하게 하여 주옵소서.
우리 주 예수 그리스도의 이름으로 기도합니다. 아멘.

교인과 교회에 부탁할 말씀 / 맡은이

(형편에 따라 생략할 수도 있다.)

알리는 말씀 / 집례자

(감사의 인사, 경과보고, 감사패 증정 등의 순서를 가질 수 있다.)

찬　송 600장(통 242장) 교회의 참된 터는 / 다함께(일어서서)

　　1. 교회의 참된 터는 우리 주 예수라
　　　　그 귀한 말씀 위에 이 교회 세웠네
　　　　주 예수 강림하사 피 흘려 샀으니
　　　　땅 위의 모든 교회 주님의 신부라
　　2. 온 세계 모든 교회 한 몸을 이루어
　　　　한 주님 섬기면서 한 믿음 가지네
　　　　한 이름 찬송하고 한 성경 읽으며
　　　　다 같은 소망 품고 늘 은혜 받도다
　　3. 땅 위의 모든 교회 주 안에 있어서
　　　　하늘의 성도들과 한 몸을 이루네
　　　　오 주여 복을 주사 저 성도들같이
　　　　우리도 주와 함께 늘 살게 하소서. 아멘.

축　도 / 맡은이

예배당 봉헌예식

(Ⅰ부 예배와 Ⅱ부 봉헌예식으로 진행한다.)

Ⅰ부. 예 배

집례 : 담임교역자

조용한 기도(전주) / 다함께
(전주 중에 집례자는 아래의 성경구절을 낭독한다.)

    땅과 거기에 충만한 것과 세계와 그 가운데에 사는 자들은 다 여호와의 것이로다 여호와께서 그 터를 바다 위에 세우심이여 강들 위에 건설하셨도다 여호와의 산에 오를 자가 누구며 그의 거룩한 곳에 설 자가 누구인가 곧 손이 깨끗하며 마음이 청결하며 뜻을 허탄한 데에 두지 아니하며 거짓 맹세하지 아니하는 자로다 그는 여호와께 복을 받고 구원의 하나님께 의를 얻으리니 이는 여호와를 찾는 족속이요 야곱의 하나님의 얼굴을 구하는 자로다(시편 24:1~6)

찬 송 36장(통 36장) 주 예수 이름 높이어 / 다함께(일어서서)
    1. 주 예수 이름 높이어 다 찬양하여라
       금 면류관을 드려서 만유의 주 찬양

금 면류관을 드려서 만유의 주 찬양

2. 주 예수 당한 고난을 못 잊을 죄인아
   네 귀한 보배 바쳐서 만유의 주 찬양
   네 귀한 보배 바쳐서 만유의 주 찬양

3. 이 지구 위에 거하는 온 세상 사람들
   그 크신 위엄 높여서 만유의 주 찬양
   그 크신 위엄 높여서 만유의 주 찬양

4. 주 믿는 성도 다함께 주 앞에 엎드려
   무궁한 노래 불러서 만유의 주 찬양
   무궁한 노래 불러서 만유의 주 찬양. 아멘.

교 독 교독문 109번(통 66번) 헌당예배 / 다함께(일어서서)

집례자 : 여호와의 집 우리 여호와의 성전 곧 우리 하나님의 성전
         뜰에 서 있는 너희여 여호와를 찬송하라

회   중 : 여호와는 선하시며 그의 이름이 아름다우니 그의 이름을 찬
         양하라

집례자 : 내가 주를 위하여 거하실 성전을 건축하였사오니 주께서
         영원히 계실 처소로소이다 하고

회   중 : 우리가 그의 계신 곳으로 들어가서 그의 발등상 앞에서 엎
         드려 예배하리로다

집례자 : 문들아 너희 머리를 들지어다 영원한 문들아 들릴지어다

회   중 : 영광의 왕이 들어가시리로다

집례자 : 그러나 나의 하나님 여호와여 주의 종의 기도와 간구를
         돌아보시며

회　　중 : 주의 종이 주 앞에서 부르짖는 것과 비는 기도를 들으시옵소서

집례자 : 내가 곧 그들을 나의 성산으로 인도하여

회　　중 : 기도하는 내 집에서 그들을 기쁘게 할 것이며

집례자 : 그들의 번제와 희생을 나의 제단에서 기꺼이 받게 되니

회　　중 : 이는 내 집은 만민이 기도하는 집이라 일컬음이 될 것임이라

다함께 : 오직 여호와는 그 성전에 계시니 온 땅은 그 앞에서 잠잠
　　　　 할지니라 하시니라

기　도 / 맡은이

(회중이 앉은 후에 기도한다. 기도를 맡은이는 상황에 따라 기도의 내용
을 추가할 수 있다.)

　전능하시고 영원하신 하나님 아버지,

　예수 그리스도를 통하여 이 땅 위에 교회를 세우시사,

　복음을 전파하게 하심을 감사합니다.

　우리가 주님의 구원역사를 감당하기 위하여 예배당을 건축하고,

　이를 봉헌하기 위하여 예배하오니,

　이곳에 모인 주님의 백성에게

　은혜와 평강으로 충만히 채워 주옵소서.

　이 예배당이 봉헌되기까지

　주님의 종과 성도의 눈물어린 기도에 응답하시고,

　이름 없이 빛도 없이 봉사하며 물질로 헌신할 수 있는

　귀한 믿음을 주시니 또한 감사합니다.

　이제 주님의 이름으로 이 전을 성별하여 드리오니,

　하나님께서 영광으로 임재하여 주옵소서.

우리의 마음을 성령께서 감화감동하사,

우리 자신을 온전하고 거룩한 산 제물로 드리게 하여 주옵소서.

모든 영광과 감사를 주님께 돌리오며,

우리 주 예수 그리스도의 이름으로 기도합니다. 아멘.

성경봉독 (열왕기상 8:22~30) / 맡은이

솔로몬이 여호와의 제단 앞에서 이스라엘의 온 회중과 마주서서
하늘을 향하여 손을 펴고 이르되 이스라엘의 하나님 여호와여 위
로 하늘과 아래로 땅에 주와 같은 신이 없나이다 주께서는 온 마음
으로 주의 앞에서 행하는 종들에게 언약을 지키시고 은혜를 베푸
시나이다 주께서 주의 종 내 아버지 다윗에게 하신 말씀을 지키사
주의 입으로 말씀하신 것을 손으로 이루심이 오늘과 같으니이다
이스라엘의 하나님 여호와여 주께서 주의 종 내 아버지 다윗에게
말씀하시기를 네 자손이 자기 길을 삼가서 네가 내 앞에서 행한 것
같이 내 앞에서 행하기만 하면 네게서 나서 이스라엘의 왕위에 앉
을 사람이 내 앞에서 끊어지지 아니하리라 하셨사오니 이제 다윗
을 위하여 그 하신 말씀을 지키시옵소서 그런즉 이스라엘의 하나
님이여 원하건대 주는 주의 종 내 아버지 다윗에게 하신 말씀이 확
실하게 하옵소서 하나님이 참으로 땅에 거하시리이까 하늘과 하늘
들의 하늘이라도 주를 용납하지 못하겠거든 하물며 내가 건축한
이 성전이오리이까 그러나 내 하나님 여호와여 주의 종의 기도와
간구를 돌아보시며 이 종이 오늘 주 앞에서 부르짖음과 비는 기도
를 들으시옵소서 주께서 전에 말씀하시기를 내 이름이 거기 있으
리라 하신 곳 이 성전을 향하여 주의 눈이 주야로 보시오며 주의 종

이 이 곳을 향하여 비는 기도를 들으시옵소서 주의 종과 주의 백성 이스라엘이 이 곳을 향하여 기도할 때에 주는 그 간구함을 들으시되 주께서 계신 곳 하늘에서 들으시고 들으시사 사하여 주옵소서

(참고 / 역대하 7:1~3; 히브리서 10:19~25)

찬 양 / 찬양대(또는 중창단)

말씀선포 / 맡은이

찬 송 600장(통 242장) 교회의 참된 터는 / 다함께
>   1. 교회의 참된 터는 우리 주 예수라
>   그 귀한 말씀 위에 이 교회 세웠네
>   주 예수 강림하사 피 흘려 샀으니
>   땅 위의 모든 교회 주님의 신부라
>   2. 온 세계 모든 교회 한 몸을 이루어
>   한 주님 섬기면서 한 믿음 가지네
>   한 이름 찬송하고 한 성경 읽으며
>   다 같은 소망 품고 늘 은혜 받도다
>   3. 땅 위의 모든 교회 주 안에 있어서
>   하늘의 성도들과 한 몸을 이루네
>   오 주여 복을 주사 저 성도들같이
>   우리도 주와 함께 늘 살게 하소서. 아멘.

봉헌과 봉헌기도 / 맡은이(형편에 따라 생략할 수도 있다.)

Ⅱ부. 봉헌예식

(감독이나 감리사가 참석했으면 감독이나 감리사가 집례한다.)

집례 : 감독(감리사)

예식사 / 집례자

사랑하는 성도 여러분, 우리가 주님의 영광을 위하여 이 예배당을 건축하여 봉헌하는 것을 하나님께서 기뻐하실 줄로 믿습니다. 오늘까지 인도해 주신 하나님의 은혜에 감사하며, 이 전을 짓기 위하여 헌신한 성도와 온 교회 위에 주님의 은혜와 기쁨이 함께하기를 기원하며, 봉헌예식을 시작합니다.

공사보고 / 건축위원장

봉헌위임 / 관리부장

(앞으로 나아와 집례자를 바라보고 서서 다음과 같이 말한다.)

우리가 이 예배당을

하나님께 예배하는 곳으로 사용하기 위하여

감독님(감리사님)께 봉헌을 위임합니다.

봉헌취지 / 집례자

(회중을 일어서게 한 후에 다음과 같이 말한다.)

사랑하는 성도 여러분, 하나님께서 이 교회에 은혜를 베풀어 주서서, 아름다운 예배당을 건축하게 하셨습니다. 우리는 이 집을 하나님의 말씀을 선포하고 성례를 베풀며, 기독교대한감리회 「교리와 장정」에 따라 주님을 섬기는 일에 사용해야 할 것입니다. 이제 우리가 이 예배당을 성별하여, 하나님께 봉헌하는 일은 우리의 마땅한 본분입니다. 그러나 우리가 주님의 전을 봉헌할 때에, 먼저 자신을 봉헌하지 아니하면 아무 유익이 없으므로, 제가 여러분께 권합니다. 여러분은 여러분의 몸과 마음과 정성을 드려 하나님께서 계실 만한 성전이 되게 하십시오. 또한 여러분에게 맡겨 주신 하나님의 모든 사명을 성령의 은사와 도우심을 받아 겸손히 감당하십시오. 이제 이 예배당을 통하여 주님의 복음을 널리 전파하고, 하나님께 모든 영광을 돌리기 위하여 이 건물을 봉헌합니다.

봉헌교독 / 다함께(일어서서)

(집례자는 봉헌취지를 말한 후, 다음과 같이 교독을 인도한다. 순서지에 미리 인쇄하여 회중에게 나누어 주고 교독하게 한다.)

집례자 : 우리는 이 집을 거룩하신 하나님의 전으로 드립니다.

회　　중 : 그러므로 우리의 마음은 언제나 이곳에 있을 것입니다.

집례자 : 우리는 이 집을 천하만민이 기도하는 집으로 드립니다.

회　　중 : 그러므로 우리가 이곳에서 하나님의 은총을 입을 것입니다.

집례자 : 우리는 이 집을 삼위일체되신 하나님을 예배하는 집으로
　　　　드립니다.

회　　중 : 그러므로 이 집에 하나님의 영광이 가득 찰 것입니다.

집례자 : 우리는 이 집을 성례를 행하는 집으로 드립니다.

회　중 : 그러므로 말씀이 그 터전이 될 것입니다.

집례자 : 우리는 이 집을 그리스도를 배우는 집으로 드립니다.

회　중 : 그러므로 우리는 온유하고 겸손하여 섬기는 생활에 힘쓸 것
　　　　입니다.

집례자 : 우리는 이 집을 사랑으로 성도가 교제하는 집으로 드립니
　　　　다.

회　중 : 그러므로 우리는 주님 안에서 하나가 될 것입니다.

다함께 : 아멘.

봉헌기도 / 맡은이

(회중은 계속 서 있고 맡은이가 기도한다.)

　　거룩하신 하나님 아버지,
　　주님의 은혜와 성령의 인도하심으로 예배당을 건축하게 하시고,
　　주님의 집으로 봉헌하게 하심을 감사합니다.
　　이제부터 우리가 이 전에 모여 하나님께 예배하게 하시며,
　　주님께 기쁨과 영광을 돌리는 삶을 살게 하여 주옵소서.
　　주님께서 이 전에 함께하사,
　　우리의 기도를 들으시고 응답하시며, 회개할 때에 용서하시고,
　　이곳을 찾는 모든 이가 복음을 받아들이고,
　　주님의 증인이 되어
　　선교와 봉사의 사명을 감당하게 하여 주옵소서.
　　또한 이 전에서 하나님의 말씀을 들으며,
　　성만찬에 참여하는 성도가
　　하나님의 은혜를 풍성히 받아 누리게 하여 주옵소서.

간구하옵나니, 이 성전에서 거룩한 혼인예식을 행하는
모든 자녀가 정결하고 신성한 가정을 이루게 하셔서,
주님의 은총과 사랑 안에서 살게 하옵소서.
이제는 이 교회의 모든 성도가 주님의 전이 되게 하시며,
장차 하나님 나라의 성전에 이를 수 있도록
영생의 복을 더하여 주옵소서.
우리 주 예수 그리스도의 이름으로 기도합니다. 아멘.

선 언 / 집례자

주님의 이름으로 건축한 이 예배당을
하나님께서 열납하실 줄 믿으며,
전능하신 하나님께 영광을 돌리기 위하여
이 성전이 하나님께 봉헌되었음을
성부와 성자와 성령의 이름으로 선언합니다. 아멘.

아멘 합창 / 찬양대(아멘송을 부른다.)

알리는 말씀 / 담임교역자(또는 맡은이)

(회중이 앉은 후 광고한다. 감사의 인사, 경과보고, 감사패 증정 등의 순
서를 가질 수 있다.)

찬 송 208장(통 246장) 내 주의 나라와 / 다함께(일어서서)

1. 내 주의 나라와 주 계신 성전과
   피 흘려 사신 교회를 늘 사랑합니다

2. 내 주의 교회는 천성과 같아서
   눈동자 같이 아끼사 늘 보호하시네
3. 이 교회 위하여 눈물과 기도로
   내 생명 다하기까지 늘 봉사합니다
4. 성도의 교제와 교회의 위로와
   구주와 맺은 언약을 늘 기뻐합니다
5. 하늘의 영광과 베푸신 은혜가
   진리와 함께 영원히 시온에 넘치네. 아멘.

축 도 / 맡은이

교육관 봉헌예식

(Ⅰ부 예배와 Ⅱ부 봉헌예식으로 진행한다.)

Ⅰ부. 예 배

집례 : 담임교역자

조용한 기도(전주) / 다함께

(전주 중에 집례자는 아래의 성경구절을 낭독한다.)

　온 땅이여 여호와께 즐거운 찬송을 부를지어다 기쁨으로 여호와를 섬기며 노래하면서 그의 앞에 나아갈지어다 여호와가 우리 하나님이신 줄 너희는 알지어다 그는 우리를 지으신 이요 우리는 그의 것이니 그의 백성이요 그의 기르시는 양이로다 감사함으로 그의 문에 들어가며 찬송함으로 그의 궁정에 들어가서 그에게 감사하며 그의 이름을 송축할지어다 여호와는 선하시니 그의 인자하심이 영원하고 그의 성실하심이 대대에 이르리로다(시편 100:1~5)

찬　송 23장(통 23장) 만 입이 내게 있으면 / 다함께(일어서서)

　1. 만 입이 내게 있으면 그 입 다 가지고
　　　내 구주 주신 은총을 늘 찬송하겠네

2. 내 은혜로신 하나님 날 도와주시고
　　그 크신 영광 널리 펴 다 알게 하소서
3. 내 주의 귀한 이름이 날 위로하시고
　　이 귀에 음악 같으니 참 희락 되도다
4. 내 죄의 권세 깨뜨려 그 결박 푸시고
　　이 추한 맘을 피로써 곧 정케 하셨네. 아멘.

교　독 (시편 119:33~40) / 다함께(일어서서)

집례자 : 여호와여 주의 율례들의 도를 내게 가르치소서

회　중 : 내가 끝까지 지키리이다

집례자 : 나로 하여금 깨닫게 하여 주소서

회　중 : 내가 주의 법을 준행하며 전심으로 지키리이다

집례자 : 나로 하여금 주의 계명들의 길로 행하게 하소서

회　중 : 내가 이를 즐거워함이니이다

집례자 : 내 마음을 주의 증거들에게 향하게 하시고

회　중 : 탐욕으로 향하지 말게 하소서

집례자 : 내 눈을 돌이켜 허탄한 것을 보지 말게 하시고

회　중 : 주의 길에서 나를 살아나게 하소서

집례자 : 주를 경외하게 하는 주의 말씀을 주의 종에게 세우소서

회　중 : 내가 두려워하는 비방을 내게서 떠나게 하소서

집례자 : 주의 규례들은 선하심이니이다 내가 주의 법도들을 사모
　　　　하였사오니

회　중 : 주의 의로 나를 살아나게 하소서

다함께 : 아멘

기 도 / 맡은이

(회중이 앉은 후에 맡은이가 기도한다. 기도를 맡은이는 상황에 따라 기도의 내용을 추가해도 좋을 것이다.)

전능하시고 영원하신 하나님 아버지,
예수 그리스도를 통하여 이 땅 위에 주님의 교회를 세우시고,
복음을 전파하게 하심을 감사합니다.
우리가 주님의 말씀을 가르치기 위하여 교육관을 건축하고
이를 봉헌하기 위하여 예배하오니,
이곳에 모인 주님의 백성에게
은혜와 평강으로 충만히 채워 주옵소서.
이제 주님의 이름으로 이 전을 성별하여 드리오니,
가르침을 주고 가르침을 받는 모든 이에게 은혜를 허락하사
주님의 뜻을 올바로 가르치고 양육하게 하여 주옵소서.
또한 이곳에서 배우는 주님의 모든 자녀가 하나님을 경외하고
이웃을 사랑하는 생활을 통하여 주님의 빛을 비추게 하옵소서.
교육관을 봉헌하는 우리의 마음을 성령께서 감화감동하사,
우리 자신을 온전하고 거룩한 산 제물로 드리게 하여 주옵소서.
모든 영광과 감사를 주님께 돌리기를 원하오며,
우리 주 예수 그리스도의 이름으로 기도합니다. 아멘.

성경봉독 (디모데후서 3:14~17) / 맡은이

(아래의 성경구절 중에 하나를 선택하여 봉독한다.)

그러나 너는 배우고 확신한 일에 거하라 너는 네가 누구에게서
배운 것을 알며 또 어려서부터 성경을 알았나니 성경은 능히 너로

하여금 그리스도 예수 안에 있는 믿음으로 말미암아 구원에 이르는 지혜가 있게 하느니라 모든 성경은 하나님의 감동으로 된 것으로 교훈과 책망과 바르게 함과 의로 교육하기에 유익하니 이는 하나님의 사람으로 온전하게 하며 모든 선한 일을 행할 능력을 갖추게 하려 함이라

(참고 / 시편 1:1~3; 예레미야 31:31~34)

찬 양 / 찬양대(또는 중창단)

말씀선포 / 맡은이

Ⅱ부. 봉헌예식

(감독이나 감리사가 참석했으면 감독이나 감리사가 집례한다.)

집례 : 감독(감리사)

예식사 / 집례자

사랑하는 성도 여러분, 하나님의 도우심으로 건축한 이 교육관은 주님의 백성을 가르치고 훈련하는 목적에 따라 기독교 교육 사업을 위해 사용될 터전입니다. 이 사업은 주님께서 친히 우리에게 "너희는 가서 모든 족속으로 제자를 삼아 아버지와 아들과 성령의

이름으로 세례를 주고 내가 너희에게 분부한 모든 것을 가르쳐 지키게 하라"고 말씀하신 명령에 따른 것입니다.

오늘 봉헌에 이르기까지 인도해 주신 하나님의 은혜에 감사하며, 이 전을 짓기 위하여 헌신한 성도와 온 교회 위에 주님의 은혜와 기쁨이 충만하기를 기원하며, 봉헌예식을 시작합니다.

공사보고 / 건축위원장

봉헌위임 / 관리부장
(앞으로 나아와 집례자를 바라보고 서서 다음과 같이 말한다.)

　우리가 이 교육관을
　주님의 몸 된 교회의 교육 사업에 사용하기 위하여
　감독님(감리사님)께 봉헌을 위임합니다.

봉헌취지 / 집례자
(회중을 일어서게 한 후에 다음과 같이 말한다.)

　사랑하는 성도 여러분, 하나님께서 이 교회에 은혜를 베푸사, 기독교 교육의 사명을 감당하게 하기 위하여 교육관을 건축하게 하셨습니다. 우리는 이 집을 하나님의 말씀을 가르치고, 기독교대한감리회 「교리와 장정」에 따라 주님을 섬기는 일에 사용해야 할 것입니다. 이제 우리가 이 교육관을 성별하여, 하나님께 봉헌하는 일은 우리의 마땅한 본분입니다. 그러나 우리가 주님의 전을 봉헌할 때에, 먼저 자신을 봉헌하지 아니하면 아무 유익이 없으므로, 제가 여러분께 권합니다. 여러분은 여러분의 몸과 마음과 정성을 드려 하나님께서 계실 성전이 되게 하십시오. 또한 여러분에게 맡겨 주신 하나님의 모든 사명을 성령의 은사와 도우심을 받아 겸손히 감당하십시오. 이제 이 교육관를 통하여 주님의 복음을 널리 전파하고, 하나님께 모든 영광을 돌리기 위하여 이 건물을 봉헌합니다.

봉헌교독 / 집례자와 회중

(집례자는 봉헌취지를 말한 후, 다음과 같이 교독을 인도한다. 순서지에 미리 인쇄하여 회중에게 나누어 주고 교독하게 한다.)

집례자 : 우리는 이 집을 하나님의 영광을 위하여 드립니다.

회　중 : 그러므로 우리의 마음은 언제나 이곳에 있을 것입니다.

집례자 : 우리는 이 집을 하나님의 말씀을 가르치는 집으로 드립니다.

회　중 : 그러므로 이곳에서 주님의 복음이 증거될 것입니다.

집례자 : 우리는 이 집을 그리스도를 배우는 집으로 드립니다.

회　중 : 그러므로 우리는 온유하고 겸손하며 섬기는 생활에 힘쓸 것입니다.

집례자 : 우리는 이 집을 거룩하신 하나님의 전으로 드립니다.

회　중 : 그러므로 우리가 이곳에서 하나님의 은총을 입을 것입니다.

다함께 : 아멘.

봉헌기도 / 맡은이

(회중은 계속 서 있고, 맡은이가 기도한다.)

　거룩하신 하나님 아버지,

주님의 은혜와 성령의 인도하심으로 교육관을 건축하고,
이를 봉헌하게 하심을 감사합니다.
이제 주님께서 이 교육관을 받으시고, 성별하옵소서.
이제 주님의 자녀들을 가르칠 주의 종들과 교사들이
기쁨으로 봉사하게 하시며, 신앙의 모범을 보임으로
말씀을 가르쳐 지키게 할 수 있는 성령의 권능을 허락하옵소서.
그리고 이곳에서 하나님의 말씀을 배우는 우리 자녀들이
말씀에 순종하며 살게 하사,
이 땅에 복음을 전파하고
하나님의 나라를 확장하여 주님의 영광을 나타내게 하옵소서.
우리의 스승이 되시는
예수 그리스도의 이름으로 기도합니다. 아멘.

선 언 / 집례자

주님의 이름으로 건축한 이 교육관을
하나님께서 열납하여 주실 줄 믿으며,
전능하신 하나님께 영광돌리기 위하여
이 교육관이 하나님께 봉헌되었음을
성부와 성자와 성령의 이름으로 선언합니다. 아멘.

아멘 합창 / 찬양대(아멘송을 부른다.)

알리는 말씀 / 담임교역자(또는 맡은이)

(회중이 앉은 후에 광고한다. 감사의 인사, 경과보고, 감사패 증정 등의

순서를 가질 수 있다.)

찬　송 569장(통 442장) 선한 목자 되신 우리 주 / 다함께(일어서서)
1. 선한 목자 되신 우리 주 항상 인도하시고
　푸른 풀밭 좋은 곳에서 우리 먹여 주소서
　선한 목자 구세주여 항상 인도하소서
　선한 목자 구세주여 항상 인도하소서
2. 양의 문이 되신 예수여 우리 영접하시고
　길을 잃은 양의 무리를 항상 인도하소서
　선한 목자 구세주여 기도 들어주소서
　선한 목자 구세주여 기도 들어주소서
3. 흠이 많고 약한 우리를 용납하여 주시고
　주의 넓고 크신 은혜로 자유 얻게 하셨네
　선한 목자 구세주여 지금 나아갑니다
　선한 목자 구세주여 지금 나아갑니다
4. 일찍 주의 뜻을 따라서 살아가게 하시고
　주의 크신 사랑 베푸사 따라가게 하소서
　선한 목자 구세주여 항상 인도하소서
　선한 목자 구세주여 항상 인도하소서. 아멘.

축　도 / 맡은이

목사관 봉헌예식

집례 : 지방 감리사(혹은 담임교역자)

예식사 / 집례자

    사랑하는 성도 여러분, 하나님의 도우심으로 건축된 이 목사관은 주의 종인 교역자와 가족들이 거주할 터전입니다. 오늘의 봉헌에 이르기까지 인도해 주신 하나님의 은혜에 감사드리며, 이 집을 짓기 위하여 헌신한 성도와 온 교회 위에 주님의 은총이 충만하기를 기원하면서, 봉헌예식을 시작합니다.

조용한 기도(전주) / 다함께

(전주 중에 집례자는 다음과 같이 낭독한다.)

    우리의 도움이 주님의 이름 안에 있으니, 그분은 하늘과 땅을 창조하셨도다. 선하신 주님께 감사하며, 영원하신 그분의 사랑에 감사할지어다.

찬 송 213장(통 348장) 나의 생명 드리니 / 다함께

    1. 나의 생명 드리니 주여 받아 주셔서

       세상 살아갈 동안 찬송하게 하소서

    2. 손과 발을 드리니 주여 받아 주셔서

       주의 일을 위하여 민첩하게 하소서

3. 나의 음성 드리니 주여 받아 주셔서
   주의 진리 말씀만 전파하게 하소서
4. 나의 보화 드리니 주여 받아 주셔서
   하늘나라 위하여 주 뜻대로 쓰소서
5. 나의 시간 드리니 주여 받아 주셔서
   평생토록 주 위해 봉사하게 하소서. 아멘.

성경봉독 (시편 127:1~5) / 맡은이

여호와께서 집을 세우지 아니하시면 세우는 자의 수고가 헛되며 여호와께서 성을 지키지 아니하시면 파수꾼의 깨어 있음이 헛되도다 너희가 일찍이 일어나고 늦게 누우며 수고의 떡을 먹음이 헛되도다 그러므로 여호와께서 그의 사랑하시는 자에게는 잠을 주시는도다 보라 자식들은 여호와의 기업이요 태의 열매는 그의 상급이로다 젊은 자의 자식은 장사의 수중의 화살 같으니 이것이 그의 화살통에 가득한 자는 복되도다 그들이 성문에서 그들의 원수와 담판할 때에 수치를 당하지 아니하리로다

찬 양 / 중창단

말씀선포 / 맡은이

공사보고 / 건축위원장

봉헌위임 / 관리부장

(앞으로 나아와 집례자를 바라보고 서서 다음과 같이 말한다.)

우리가 이 집을
목사관으로 사용하기 위하여
감리사님(목사님)께 봉헌을 위임합니다.

봉헌취지 / 집례자

(회중을 일어서게 한 후에 다음과 같이 말한다.)

사랑하는 성도 여러분, 하나님께서 이 교회에 은혜를 베푸사 주의 종과 그 가족을 위하여 목사관을 건축하게 하셨습니다. 이제 우리가 이 목사관을 성별하여, 하나님께 봉헌하는 일은 우리의 마땅한 본분입니다. 그러나 우리가 이 집을 봉헌할 때에, 먼저 자신을 봉헌하지 아니하면 아무 유익이 없으므로, 제가 여러분께 권합니다. 여러분은 여러분의 몸과 마음과 정성을 드려 하나님께서 계실 성전이 되게 하십시오. 또한 여러분에게 맡겨 주신 하나님의 모든 사명을 성령의 은사와 도우심을 받아 겸손히 감당하십시오. 이제 여러분의 교회를 통하여 주님의 복음을 널리 전파하고, 하나님께 모든 영광을 돌리시기 바랍니다.

봉헌기도 / 맡은이

(회중은 계속 서 있고 맡은이가 기도한다.)

거룩하신 하나님 아버지,
주님의 은혜로 목사관을 건축하고
이를 봉헌하게 하심을 감사합니다.

이 시간 하나님께서 이 목사관을 성별하시고,
목회자의 가정에 복을 내려 주셔서,
맡겨진 목양의 사명을 잘 감당하게 하옵소서.
또한 온 가족을 영육 간에 평강으로 채워 주사
감사와 기쁨으로 교회를 섬기게 하시며,
사랑과 은혜로 성도를 돌보게 하여 주시기를 원합니다.
담임교역자에게 성령의 충만함을 입혀 주사,
믿음과 지혜와 사랑으로 이 교회를 날마다 부흥시키고,
세상의 빛과 소금이 되는 교회를 세우게 하여 주옵소서.
우리 주 예수 그리스도의 이름으로 기도합니다. 아멘.

선 언 / 집례자
주님의 이름으로 건축한 목사관을
하나님께서 열납하여 주실 줄 믿으며,
이 목사관이 하나님께 봉헌되었음을
성부와 성자와 성령의 이름으로 선언합니다. 아멘.

알리는 말씀 / 담임교역자(또는 맡은이)
(감사의 인사, 경과보고, 감사패 증정 등의 순서를 가질 수 있다.)

찬 송 569장(통 442장) 선한 목자 되신 우리 주 / 다함께(일어서서)
1. 선한 목자 되신 우리 주 항상 인도하시고
   푸른 풀밭 좋은 곳에서 우리 먹여 주소서
   선한 목자 구세주여 항상 인도하소서

선한 목자 구세주여 항상 인도하소서

2. 양의 문이 되신 예수여 우리 영접하시고
   길을 잃은 양의 무리를 항상 인도하소서
   선한 목자 구세주여 기도 들어주소서
   선한 목자 구세주여 기도 들어주소서

3. 흠이 많고 약한 우리를 용납하여 주시고
   주의 넓고 크신 은혜로 자유 얻게 하셨네
   선한 목자 구세주여 지금 나아갑니다
   선한 목자 구세주여 지금 나아갑니다

4. 일찍 주의 뜻을 따라서 살아가게 하시고
   주의 크신 사랑 베푸사 따라가게 하소서
   선한 목자 구세주여 항상 인도하소서
   선한 목자 구세주여 항상 인도하소서. 아멘.

축 도 / 맡은이

병원 봉헌예식

집례 : 담임교역자

예식사 / 집례자

　○○○○병원 봉헌식에 참석한 여러분에게 하나님의 은혜와 사랑이 함께하시기를 기원합니다. 하나님의 인도하심으로 건축한 이 병원은 질병으로 고난 당하는 이들을 돌보기 위한 건물입니다. 예수님께서 공생애 기간에 수많은 병자들을 고쳐 주신 것처럼, 오늘 우리는 그리스도의 치유 사역을 이어가기 위하여 이 병원을 봉헌합니다. 하나님께서 이 일을 기뻐하실 줄로 믿고, 이 병원이 그리스도의 사랑과 봉사의 사명을 잘 감당할 수 있도록 다함께 기도합시다.

조용한 기도(전주) / 다함께

(전주 중에 집례자는 다음과 같이 낭독한다.)

　우리의 도움이 주님의 이름 안에 있으니, 그분은 하늘과 땅을 창조하셨도다. 선하신 주님께 감사하며, 영원하신 그분의 사랑에 감사할지어다.

찬　송 272장(통 330장) 고통의 멍에 벗으려고 / 다함께(일어서서)

　1. 고통의 멍에 벗으려고 예수께로 나갑니다

　　 자유와 기쁨 베푸시는 주께로 갑니다

병든 내 몸이 튼튼하고 빈궁한 삶이 부해지며
죄악을 벗어 버리려고 주께로 갑니다
2. 낭패와 실망 당한 뒤에 예수께로 나갑니다
십자가 은혜 받으려고 주께로 갑니다
슬프던 마음 위로받고 이생의 풍파 잔잔하며
영광의 찬송 부르려고 주께로 갑니다
3. 교만한 맘을 내버리고 예수께로 나갑니다
복 되신 말씀 따르려고 주께로 갑니다
실망한 이 몸 힘을 얻고 예수의 크신 사랑받아
하늘의 기쁨 맛보려고 주께로 갑니다
4. 죽음의 길을 벗어나서 예수께로 나갑니다
영원한 집을 바라보고 주께로 갑니다
멸망의 포구 헤어나와 평화의 나라 다다라서
영광의 주를 뵈오려고 주께로 갑니다.

교 독(시편 103:1~4, 13~18, 20~22) / 다함께(일어서서)

집례자 : 내 영혼아 여호와를 송축하라 내 속에 있는 것들아 다 그
　　　　의 거룩한 이름을 송축하라

회　중 : 내 영혼아 여호와를 송축하며 그의 모든 은택을 잊지 말지
　　　　어다

집례자 : 그가 네 모든 죄악을 사하시며 네 모든 병을 고치시며

회　중 : 네 생명을 파멸에서 속량하시고 인자와 긍휼로 관을 씌우
　　　　시며

집례자 : 아버지가 자식을 긍휼히 여김 같이 여호와께서는 자기를

경외하는 자를 긍휼히 여기시나니

회　　중 : 이는 그가 우리의 체질을 아시며 우리가 단지 먼지뿐임을
　　　　　기억하심이로다

집례자 : 인생은 그 날이 풀과 같으며 그 영화가 들의 꽃과 같도다

회　　중 : 그것은 바람이 지나가면 없어지나니 그 있던 자리도 다시
　　　　　알지 못하거니와

집례자 : 여호와의 인자하심은 자기를 경외하는 자에게 영원부터
　　　　　영원까지 이르며 그의 의는 자손의 자손에게 이르리니

회　　중 : 곧 그의 언약을 지키고 그의 법도를 기억하여 행하는 자에
　　　　　게로다

집례자 : 능력이 있어 여호와의 말씀을 행하며 그의 말씀의 소리를
　　　　　듣는 여호와의 천사들이여 여호와를 송축하라

회　　중 : 그에게 수종들며 그의 뜻을 행하는 모든 천군이여 여호와를
　　　　　송축하라

집례자 : 여호와의 지으심을 받고 그가 다스리시는 모든 곳에 있는
　　　　　너희여 여호와를 송축하라

회　　중 : 내 영혼아 여호와를 송축하라

기　도 / 맡은이

(회중이 앉은 후에 맡은이가 상황에 따라 기도한다.)

　　전능하신 하나님 아버지,

　　주님의 영광을 위하여 봉헌하는 이 건물을 기뻐 받아 주옵소서.

　　이 병원을 통하여 의술과 사랑이 하나가 되게 하시며,

　　도움을 받고자 찾아오는 모든 이가 건강을 되찾게 하옵소서.

하나님의 선한 일에 헌신하는 사람들에게 복을 주사,

약하여 찾아온 이들이 강해지게 하시며,

고통 중에 찾아온 이들이 나음을 얻게 하시고,

슬픔 중에 찾아온 이들이 즐거움과 기쁨을 얻게 하옵소서.

또한 육신의 질병을 고침 받을 뿐만 아니라,

그 영혼을 믿음으로 충만히 채워 주사,

예수 그리스도를 영접하고 영원한 생명에 이르게 하옵소서.

우리 주 예수 그리스도의 이름으로 기도합니다. 아멘.

성경봉독(이사야 35:1~6) / 맡은이

광야와 메마른 땅이 기뻐하며 사막이 백합화 같이 피어 즐거워하며 무성하게 피어 기쁜 노래로 즐거워하며 레바논의 영광과 갈멜과 사론의 아름다움을 얻을 것이라 그것들이 여호와의 영광 곧 우리 하나님의 아름다움을 보리로다 너희는 약한 손을 강하게 하며 떨리는 무릎을 굳게 하며 겁내는 자들에게 이르기를 굳세어라, 두려워하지 말라, 보라 너희 하나님이 오사 보복하시며 갚아 주실 것이라 하나님이 오사 너희를 구하시리라 하라 그 때에 맹인의 눈이 밝을 것이며 못 듣는 사람의 귀가 열릴 것이며 그 때에 저는 자는 사슴 같이 뛸 것이며 말 못하는 자의 혀는 노래하리니 이는 광야에서 물이 솟겠고 사막에서 시내가 흐를 것임이라

(참고 / 이사야 61:1~3; 누가복음 7:21~23)

찬 양 / 찬양대

(형편에 따라 찬송가 472장(통 530장)을 다함께 부를 수 있다.)

1. 네 병든 손 내밀라고 주 예수님 말씀하네
   그 말씀을 굳게 믿고 병든 손을 내밀어라
   옛날같이 오늘날도 주 권능이 크시오니
   전능하신 권능으로 병든 네 몸 고치시리
2. 기도하는 손 내밀고 믿음의 손 내밀어라
   순종의 손 내밀어서 주님의 손 붙잡아라
   저 갈릴리 바다에서 주 예수님 행하신 일
   오늘날도 믿는 자는 그 능력을 보리로다
3. 모든 의심 물리치면 허약한 맘 사라지니
   주를 믿는 마음으로 주님 앞에 손 내밀라
   주 예수는 자비하사 크신 사랑 베푸시니
   지체 말고 믿는 자는 영생 복을 받으리라
(후렴) 네 병든 손 내밀어라 주 예수님 고치시리
       네 병든 손 내밀어라 주님 고치시리라.

말씀선포 / 맡은이

공사보고 / 건축위원장

봉헌위임 / 맡은이
(병원의 대표가 집례자를 바라보고 서서 다음과 같이 말한다.)
기증자 : 우리가 이 병원을 병든 자에게 봉사함으로 하나님께 영광
        을 돌리기 위하여 목사님께 봉헌을 위임합니다.
        (만일 기념건물이라면 'ㅇㅇㅇ씨를 기념하여'를 첨가한다)

봉헌취지 / 집례자

(회중을 일어서게 한 후 다음과 같이 말한다.)

　사랑하는 성도 여러분, 하나님께서 은혜를 베푸사, 사랑과 봉사의 사명을 감당하게 하기 위하여 이 병원을 건축하게 하셨습니다. 이 병원을 성별하여 하나님께 봉헌하는 것을 주님께서 기쁘게 받아주실 줄로 믿습니다. 이제 성령의 도우심으로 여러분에게 맡겨주신 사명을 겸손히 감당하여, 이 병원을 통하여 복음이 널리 전파됨으로 하나님께 영광을 돌리시기 바랍니다.

봉헌기도 / 맡은이

(회중은 계속 서 있고 맡은이가 기도한다.)

　거룩하신 하나님 아버지,
　주님의 은혜로 이 병원을 건축하여 봉헌하게 하심을 감사합니다.
　이제 주님께서 이 병원을 성별하셔서,
　치유의 역사가 날마다 일어나게 하사,
　병든 자가 고침을 받으며, 약한 자가 건강을 회복하고,
　찾아오는 모든 사람에게 주님의 사랑을 베풀게 되기를 원합니다.
　환우들을 돌보는 의사, 간호사, 직원들을
　성령의 은혜로 채워 주사
　사랑의 봉사로 그리스도의 향기를 나타내게 하옵소서.
　그리하여 복음이 널리 전파됨으로
　하나님께 영광을 돌리는 병원이 되게 하여 주시기를,
　우리 주 예수 그리스도의 이름으로 기도합니다. 아멘.

선 언 / 집례자

주님의 이름으로 건축한 이 병원을
하나님께서 열납하여 주실 줄 믿으며,
치유사역으로 하나님께 영광돌리기 위하여
○○○○병원이 하나님께 봉헌되었음을
성부와 성자와 성령의 이름으로 선언합니다. 아멘.

축 사 / 내빈 중에서

알리는 말씀 / 맡은이

(회중이 앉은 후에 광고한다. 감사의 인사, 경과보고, 감사패 증정 등의
순서를 가질 수 있다.)

찬 송 212장(통 347장) 겸손히 주를 섬길 때 / 다함께(일어서서)

1. 겸손히 주를 섬길 때 괴로운 일이 많으나
   구주여 내게 힘 주사 잘 감당하게 하소서
2. 인자한 말을 가지고 사람을 감화시키며
   갈 길을 잃은 무리를 잘 인도하게 하소서
3. 구주의 귀한 인내를 깨달아 알게 하시고
   굳건한 믿음 주셔서 늘 승리하게 하소서
4. 장래의 영광 비추사 소망이 되게 하시며
   구주와 함께 살면서 참 평강 얻게 하소서. 아멘.

축 도 / 맡은이

학교건물 봉헌예식

예식사 / 집례자

　○○○○학교 봉헌식에 참석한 여러분에게 하나님의 은혜가 함께하시기를 기원합니다. 주님의 도우심으로 세워진 이 건물은 한 세대가 그 다음 세대에게 지혜와 지식을 전해야 하는 귀중한 책임을 지니고 있습니다. 우리는 이러한 사명을 감당하기 위하여 성령께서 주시는 지혜로 최선을 다해 가르쳐야 할 것입니다. 하나님께서 이 일을 기뻐하실 줄로 믿으며, 이 학교가 기독교 교육의 사명을 잘 감당할 수 있도록 다함께 기도합시다.

조용한 기도(전주) / 다함께

(전주 중에 집례자는 다음과 같이 낭독한다.)

　우리의 도움이 주님의 이름 안에 있으니, 그분은 하늘과 땅을 창조하셨도다. 선하신 주님께 감사하며, 영원하신 그분의 사랑에 감사할지어다.

찬　송 552장(통 358장) 아침 해가 돋을 때 / 다함께(일어서서)

　1. 아침 해가 돋을 때 만물 신선하여라
　　　나도 세상 지낼 때 햇빛 되게 하소서

학교건물 봉헌예식 · 175

2. 새로 오는 광음을 보람 있게 보내고
   주의 일을 행할 때 햇빛 되게 하소서
3. 한 번 가면 안 오는 빠른 광음 지날 때
   귀한 시간 바쳐서 햇빛 되게 하소서
4. 밤낮 주를 위하여 몸과 맘을 드리고
   주의 사랑 나타내 햇빛 되게 하소서
(후렴) 주여 나를 도우사 세월 허송 않고서
   어둔 세상 지낼 때 햇빛 되게 하소서. 아멘.

교 독(잠언 9:1; 8:1~7, 10~11; 욥기 28:12, 28) / 다함께(일어서서)

집례자 : 지혜가 그의 집을 짓고 일곱 기둥을 다듬고

회　중 : 지혜가 부르지 아니하느냐 명철이 소리를 높이지 아니하느
　　　　냐

집례자 : 그가 길 가의 높은 곳과 네거리에 서며

회　중 : 성문 곁과 문 어귀와 여러 출입하는 문에서 불러 이르되

집례자 : 사람들아 내가 너희를 부르며 내가 인자들에게 소리를 높
　　　　이노라

회　중 : 어리석은 자들아 너희는 명철할지니라 미련한 자들아 너희
　　　　는 마음이 밝을지니라

집례자 : 너희는 들을지어다 내가 가장 선한 것을 말하리라 내 입술
　　　　을 열어 정직을 내리라

회　중 : 내 입은 진리를 말하며 내 입술은 악을 미워하느니라

집례자 : 너희가 은을 받지 말고 나의 훈계를 받으며 정금보다 지식
　　　　을 얻으라

회　　중 : 대저 지혜는 진주보다 나으므로 원하는 모든 것을 이에 비
　　　　　　교할 수 없음이니라
집례자 : 그러나 지혜는 어디서 얻으며 명철이 있는 곳은 어디인고
회　　중 : 주를 경외함이 지혜요 악을 떠남이 명철이니라

기 도 / 맡은이

(회중이 앉은 후에 맡은이가 기도한다. 상황에 따라 기도의 내용을 추가
하는 것도 좋을 것이다.)

　　모든 진과 선과 미와 애의 근원이 되시는 하나님 아버지,
　　예수 그리스도께서 먼저 가르침의 모범을 보여 주시고,
　　자녀 세대를 가르치는 사명을 허락하여 주심을 감사합니다.
　　이곳에서 행하는 교육을 통하여
　　우리 자녀들이 복음을 받아들이고,
　　주님의 인격을 닮은 참된 그리스도인으로 성장하게 하옵소서.
　　이 봉헌예식을 통하여
　　우리가 교육의 사명과 책임을 깨닫게 하시고,
　　이 학교를 봉헌한 목적을 이루게 하옵소서.
　　우리의 참 스승이 되시는
　　예수 그리스도의 이름으로 기도합니다. 아멘.

성경봉독 (잠언 3:13~22) / 맡은이

　　지혜를 얻은 자와 명철을 얻은 자는 복이 있나니 이는 지혜를 얻
는 것이 은을 얻는 것보다 낫고 그 이익이 정금보다 나음이니라 지
혜는 진주보다 귀하니 네가 사모하는 모든 것으로도 이에 비교할

수 없도다 그의 오른손에는 장수가 있고 그의 왼손에는 부귀가 있나니 그 길은 즐거운 길이요 그의 지름길은 다 평강이니라 지혜는 그 얻은 자에게 생명 나무라 지혜를 가진 자는 복되도다 여호와께서는 지혜로 땅에 터를 놓으셨으며 명철로 하늘을 견고히 세우셨고 그의 지식으로 깊은 바다를 갈라지게 하셨으며 공중에서 이슬이 내리게 하셨느니라 내 아들아 완전한 지혜와 근신을 지키고 이것들이 네 눈 앞에서 떠나지 말게 하라 그리하면 그것이 네 영혼의 생명이 되며 네 목에 장식이 되리니

찬 양 / 찬양대

말씀선포 / 맡은이

공사보고 / 건축위원장

봉헌위임 / 맡은이
(학교의 대표가 집례자를 바라보고 서서 다음과 같이 말한다.)
기증자 : 우리가 이 학교를 진리의 근원이신 그리스도 안에서 자녀들을 가르침으로 하나님께 영광을 돌리기 위하여 목사님께 봉헌을 위임합니다.
(만일 기념건물이라면 'ㅇㅇㅇ씨를 기념하여'를 첨가한다)

봉헌취지 / 집례자
(회중을 일어서게 한 후 다음과 같이 말한다.)

사랑하는 성도 여러분, 우리의 자녀들을 교육하려고 세워진 이 건물이 그 목적에 따라 거룩하게 구별되는 것은 마땅한 일입니다. 이제 이 학교를 성별하여 하나님께 봉헌하는 것을 주님께서 기쁘게 받으실 줄을 믿습니다. 그러나 우리가 주님 앞에 봉헌할 때에, 우리 자신을 먼저 봉헌하지 아니하면 아무 유익이 없으므로, 우리의 몸과 마음과 정성을 온전히 하나님께 드려야 합니다. 이제 성령의 도우심으로 우리에게 위탁하신 교육적 사명을 겸손히 감당하고, 학원사역을 통하여 하나님의 나라를 확산시켜 하나님께 영광을 돌리시기 바랍니다.

봉헌기도 / 맡은이

(회중은 계속 서 있고 맡은이가 기도한다.)

거룩하신 하나님 아버지,

우리에게 은혜와 복을 내려 주사,

○○○○학교를 건축하여 주님께 봉헌하게 하심을 감사합니다.

이제 주님께서 이 학교를 성별하여 주사,

하나님께서 영광을 받으시며,

이곳에서 이루어지는 모든 가르침을 통하여

하나님을 경외하는 것이 지혜의 근본임을 깨닫게 하시고,

여기서 배우는 모든 이가 그 가르침을 따라 살아가게 하옵소서.

그리하여 이 학원사역을 통하여

하나님 나라의 일꾼들을 양성하고,

주님의 복음을 널리 전파하게 하옵소서.

또한 가르치는 교사와 동역하는 직원들에게

성령의 은혜를 채워 주사,
소명의 믿음으로 사명감을 가지고 봉사하며,
그리스도의 밝은 빛을 비추게 하옵소서.
우리의 스승이 되시고 모범이 되시는
우리 주 예수 그리스도의 이름으로 기도합니다. 아멘.

선 언 / 집례자
주님의 이름으로 건축한 이 학교를 하나님께서 열납하여 주실
줄 믿으며, 교육의 사명을 잘 감당함으로 하나님께 영광을 돌리기
위하여 ○○○○ 학교가 하나님께 봉헌되었음을 성부와 성자와 성
령의 이름으로 선언합니다. 아멘.

축 사 / 내빈 중에서

알리는 말씀 / 맡은이
(회중이 앉은 후에 광고한다. 감사의 인사, 경과 보고, 감사패 증정 등의
순서를 가질 수 있다.)

찬 송 64장(통 13장) 기뻐하며 경배하세 / 다함께(일어서서)
　1. 기뻐하며 경배하세 영광의 주 하나님
　　주 앞에서 우리 마음 피어나는 꽃 같아
　　죄와 슬픔 사라지고 의심구름 걷히니
　　변함없는 기쁨의 주 밝은 빛을 주시네
　2. 땅과 하늘 만물들이 주의 솜씨 빛내고

별과 천사 노랫소리 끊임없이 드높아
물과 숲과 산과 골짝 들판이나 바다나
모든 만물 주의 사랑 기뻐 찬양하여라
3. 우리 주는 사랑이요 복의 근원이시니
삶이 기쁜 샘이 되어 바다처럼 넘치네
아버지의 사랑 안에 우리 모두 형제니
서로서로 사랑하게 도와주시옵소서
4. 새벽별의 노래 따라 힘찬 찬송 부르니
주의 사랑 줄이 되어 한 맘 되게 하시네
노래하며 행진하여 싸움에서 이기고
승전가를 높이 불러 주께 영광 돌리세. 아멘.

축 도 / 맡은이

기념관 봉헌예식

(예배순서 중에 사용할 때는 말씀선포와 봉헌과 봉헌기도 순서 다음에 넣어 사용한다. 별도로 행할 때는 적당한 성경구절과 말씀선포, 찬양, 기도를 준비한다.)

집례 : 맡은이

봉헌위임 / 기증자와 집례자
(기념관의 기증자나 대표자가 위임받을 집례자 앞으로 나와 다음과 같이 말한다.)

기증자(집례자를 향하여) : 이제 ○○○을(를) 기념하여 세워진 이 건
물이 ○○○○의 목적으로 하나님께 영
광을 돌리기 위하여 목사님께 봉헌을 위
임합니다.

집 례 자(회중을 향하여) : (집례자는 위임장을 받으면서)
전능하신 하나님의 영광을 위하여 우리는
이 건물을 ○○○을(를) 기념하여 ○○○
○의 목적으로 사용할 것입니다.

선 언 / 집례자

　주님의 영광을 위하여 세워진 이 건물을

　하나님께서 열납하여 주실 줄 믿으며,

　○○○을(를) 기념하여 ○○○○목적으로 하나님께 봉헌되었음을

　성부와 성자와 성령의 이름으로 선언합니다. 아멘.

기 도 / 집례자(또는 맡은이)

　은혜와 사랑의 하나님 아버지,

　○○○가(이) ○○○○의 목적을 위하여

　이 건물을 건축하고 봉헌하였습니다.

　○○○의 헌신이 마리아의 헌신처럼 기념되게 하시고,

　그에게 큰 복을 내려 주옵소서.

　이 건물을 통하여

　우리 이웃들에게 그리스도의 복음을 전파하고,

　그리스도의 사랑을 전함으로, 하나님께 영광을 돌리게 하옵소서.

　오늘 우리가 봉헌한 이 기념관이 신실한 봉사의 증거가 되어,

　그리스도의 빛을 나타내게 하여 주시기를 원하오며,

　우리 주 예수 그리스도의 이름으로 기도합니다. 아멘.

축 사 / 내빈 중에서

인사와 알리는 말씀 / 맡은이

(감사패 증정, 경과보고 등을 여기서 할 수 있다.)

(이후 순서는 예배 순서에 따른다.)

교회설립예식

＊설립예식 지침

① 「교리와 장정」에 따라 교회설립을 위한 수속을 마친 후, 설립 예배에 관한 모든 사항을 소속지방 선교부 총무의 도움을 받아 감리사와 협의한다.

② 감리사의 허락을 받아 설립예배 일시와 장소를 확정한다.

③ 초대장을 지방회의 임원, 지원 교회, 소속지방 교회, 이웃교회에 보낸다.

④ 순서지를 준비한다.

⑤ 초청인사와 순서 맡은이들에게 전화로 참석 및 허락을 확인하고, 선교부 총무와 감리사에게 보고한다.

⑥ 현판(교회간판)과 음식을 준비한다.

⑦ 안내를 위한 현수막, 표지판 등을 설치하고, 안내위원을 세워 안내에 만전을 기한다.

⑧ 예배의 사회는 지방회 선교부 총무가, 설립선언은 감리사가 한다.

설립예식 순서

사회 : 지방 선교부 총무

예식사 / 사회자

　사랑하는 성도 여러분, 이제 기독교대한감리회 ○○연회 ○○지방회 ○○구역 ○○교회의 설립예식을 시작합니다. 이곳에 세워진 주님의 몸 된 교회를 통하여 하나님의 구원역사를 잘 감당하고, 하나님께 영광을 돌리기 위하여 다함께 기도합시다.

조용한 기도 / 사회자

　내가 이 반석 위에 내 교회를 세우리니 음부의 권세가 이기지 못하리라 내가 천국 열쇠를 네게 주리니 네가 땅에서 무엇이든지 매면 하늘에서도 매일 것이요 네가 땅에서 무엇이든지 풀면 하늘에서도 풀리리라(마태복음 16:18~19)

　사랑과 은혜가 충만하신 하나님,
　오늘 이곳에
　주님의 교회를 세울 수 있도록 허락하심을 감사합니다.
　이 예식이 하나님께 온전히 열납되기를 원합니다.
　성령께서 이 예식에 임재하시어,
　오늘 설립되는 이 교회가 부흥 성장하게 하시며,
　이 시대의 모범적인 교회로
　선교와 봉사의 사명을 온전히 감당하게 하옵소서.

우리 주 예수 그리스도의 이름으로 기원합니다. 아멘.

찬 송 208장(통 246장) 내 주의 나라와 / 다함께(일어서서)

  1. 내 주의 나라와 주 계신 성전과
     피 흘려 사신 교회를 늘 사랑합니다

  2. 내 주의 교회는 천성과 같아서
     눈동자 같이 아끼사 늘 보호하시네

  3. 이 교회 위하여 눈물과 기도로
     내 생명 다하기까지 늘 봉사합니다

  4. 성도의 교제와 교회의 위로와
     구주와 맺은 언약을 늘 기뻐합니다

  5. 하늘의 영광과 베푸신 은혜를
     진리와 함께 영원히 시온에 넘치네. 아멘.

교 독 / 다함께(일어서서)

사회자 : 족장들과 예언자들과 지혜있는 자들을 통해 우리에게 하
        나님 자신을 계시해 주심으로 인하여

회　중 : 우리는 주님의 이름을 찬양합니다.

사회자 : 주님의 은혜로 죄에서 구원을 받고 온 세계에 흩어져 복음
        을 전하는 이들을 위하여

회　중 : 우리는 주님의 이름을 찬양합니다.

사회자 : 우리를 제자로 삼아 주시고 주님의 교회에서 봉사할 수 있
        는 기쁨을 허락해 주심을 인하여

회　중 : 우리는 주님의 이름을 찬양합니다.

사회자 : 우리를 통하여 하나님의 은총이 확증되고, 하나님의 백성
　　　　이 구원을 얻게 된다는 소망 안에서, 거룩한 교회의 성도
　　　　가 되고자 하는 이 사람들로 인하여
회　　중 : 우리는 주님의 이름을 찬양하고, 오늘 주님께 헌신을 다짐합
　　　　니다.

기 도 / 맡은이

(회중이 앉은 후에 기도한다. 기도를 맡은 이는 상황에 따라 기도의 내용
을 추가할 수 있다.)

　사랑과 은혜가 충만하신 하나님 아버지,

"너희는 온 천하에 다니며 만민에게 복음을 전파하라"고 하신
주님의 말씀에 순종하여,

오늘 이곳에 주님의 몸 된 교회를 설립하게 하심을 감사합니다.

이제 우리 주 예수 그리스도께서

이 교회의 주인이 되시고, 반석이 되어 주사,

이 교회를 주장하시고 인도하여 주시기를 원합니다.

이 교회를 섬기는 주의 종과 성도에게

성령의 충만함을 입혀 주사,

예배를 통하여 하나님의 말씀이 선포되고 성례가 행해지며,

성도의 교제와 교육이 이루어지고,

선교와 봉사의 사명을 잘 감당하는 교회가 되게 하옵소서.

처음과 나중이 되시는 하나님 아버지,

주님의 도우심으로 이 교회에

기사와 표적이 많이 나타나게 하시고,

사랑과 은혜가 충만하여,

하나님을 찬미하며 온 백성에게 칭송을 받고,

구원받는 사람이 날마다 더해 가는 교회가 되게 하옵소서.

우리 주 예수 그리스도의 이름으로 기도합니다. 아멘.

성경봉독 (마태복음 16:13~23) / 맡은이

예수께서 빌립보 가이사랴 지방에 이르러 제자들에게 물어 이르시되 사람들이 인자를 누구라 하느냐 이르되 더러는 세례 요한, 더러는 엘리야, 어떤 이는 예레미야나 선지자 중의 하나라 하나이다 이르시되 너희는 나를 누구라 하느냐 시몬 베드로가 대답하여 이르되 주는 그리스도시요 살아 계신 하나님의 아들이시니이다 예수께서 대답하여 이르시되 바요나 시몬아 네가 복이 있도다 이를 네게 알게 한 이는 혈육이 아니요 하늘에 계신 내 아버지시니라 또 내가 네게 이르노니 너는 베드로라 내가 이 반석 위에 내 교회를 세우리니 음부의 권세가 이기지 못하리라 내가 천국 열쇠를 네게 주리니 네가 땅에서 무엇이든지 매면 하늘에서도 매일 것이요 네가 땅에서 무엇이든지 풀면 하늘에서도 풀리리라 하시고 이에 제자들에게 경고하사 자기가 그리스도인 것을 아무에게도 이르지 말라 하시니라 이 때로부터 예수 그리스도께서 자기가 예루살렘에 올라가 장로들과 대제사장들과 서기관들에게 많은 고난을 받고 죽임을 당하고 제삼일에 살아나야 할 것을 제자들에게 비로소 나타내시니 베드로가 예수를 붙들고 항변하여 이르되 주여 그리 마옵소서 이 일이 결코 주께 미치지 아니하리이다 예수께서 돌이키시며 베드로에게 이르시되 사탄아 내 뒤로 물러 가라 너는 나를 넘어지게 하는

자로다 네가 하나님의 일을 생각하지 아니하고 도리어 사람의 일을 생각하는도다 하시고

(참고 / 예레미야 32:37~41; 요한복음 15:1~6)

찬 양 / 찬양대

말씀선포 / 맡은이

담임교역자 및 설립교인 소개 / 맡은이

(지방회 선교부 총무나 개척을 지원한 교회의 담임목사가 설립교회 담임교역자와 가족, 교인들을 소개한다.)

개척 설립 보고 / 맡은이

설립 선언 / 감리사

이제 기독교대한감리회 ○○연회 ○○지방회

○○구역 ○○교회가

하나님의 영광과, 복음의 선포와, 선교와 봉사를 위하여

기독교대한감리회 「교리와 장정」에 따라 적법하게 설립되었음을

성부와 성자와 성령의 이름으로 선언합니다. 아멘.

봉 헌 / 다함께

(봉헌송, 봉헌기도를 이 순서에 포함하며, 형편에 따라 봉헌순서를 생략할 수도 있다.)

담임교역자와 설립교인들에게 부탁할 말씀 / 맡은이

인사와 알리는 말씀 / 설립 담임교역자

찬　송 600장(통 242장) 교회의 참된 터는 / 다함께(일어서서)
　　1. 교회의 참된 터는 우리 주 예수라
　　　그 귀한 말씀 위에 이 교회 세웠네
　　　주 예수 강림하사 피 흘려 샀으니
　　　땅 위의 모든 교회 주님의 신부라
　　2. 온 세계 모든 교회 한 몸을 이루어
　　　한 주님 섬기면서 한 믿음 가지네
　　　한 이름 찬송하고 한 성경 읽으며
　　　다 같은 소망 품고 늘 은혜 받도다
　　3. 땅 위의 모든 교회 주 안에 있어서
　　　하늘의 성도들과 한 몸을 이루네
　　　오 주여 복을 주사 저 성도들같이
　　　우리도 주와 함께 늘 살게 하소서. 아멘.

축　도 / 맡은이
(예식 후에 설립교회 담임교역자와 교인들은 감리사와 함께 교회간판을
단 후, 음식을 나눈다.)

교회설립 기념예식

집례 : 담임교역자

조용한 기도(전주) / 다함께

예배로 부름과 기원 / 집례자

　오라 우리가 여호와께 노래하며 우리의 구원의 반석을 향하여 즐거이 외치자 우리가 감사함으로 그 앞에 나아가며 시를 지어 즐거이 그를 노래하자 여호와는 크신 하나님이시요 모든 신들보다 크신 왕이시기 때문이로다 땅의 깊은 곳이 그의 손 안에 있으며 산들의 높은 곳도 그의 것이로다 바다도 그의 것이라 그가 만드셨고 육지도 그의 손이 지으셨도다 오라 우리가 굽혀 경배하며 우리를 지으신 여호와 앞에 무릎을 꿇자 그는 우리의 하나님이시요 우리는 그가 기르시는 백성이며 그의 손이 돌보시는 양이기 때문이라 (시편 95:1~7)

　에벤에셀의 하나님 아버지,
　○○년 전, 이곳에 ○○교회를 세워 주시고
　오늘에 이르기까지 사랑과 은혜로 인도해 주심을 감사합니다.
　더욱이 여러 가지 고난과 시련 중에도 이 교회를 지켜 주사,
　교회의 사명을 감당하여

하나님의 구원역사를 이루게 하심을 감사합니다.

이 시간 설립 ○○ 주년 기념예식을 통하여

새로운 믿음으로 결단하며 주님께 헌신하기를 원합니다.

우리 주 예수 그리스도의 이름으로 기원합니다. 아멘.

찬　송 35장(통 50장) 큰 영화로신 주 / 다함께(일어서서)

1. 큰 영화로신 주 이곳에 오셔서 이 모인 자들로 주 백성 삼으사
   그중에 항상 계시고 그중에 항상 계시고 큰 영광 나타내소서
2. 이 백성 기도와 또 예물 드림이 향내와 같으니 곧 받으옵소서
   주 예수 크신 복음을 주 예수 크신 복음을 만백성 듣게 하소서
3. 또 우리 자손들 다 주를 기리고 저 성전 돌같이 긴하게 하소서
   주 구원하신 능력을 주 구원하신 능력을 늘 끝날까지 주소서
4. 주 믿는 만민이 참 도를 지키며 옛 성도들 같이 주 찬송하다가
   저 천국 보좌 앞에서 저 천국 보좌 앞에서 늘 찬송하게 하소서.
   아멘.

교　독 교독문 110번(통 74번) / 다함께(일어서서)

집례자 : 온 땅이여 여호와께 노래하며 그의 구원을 날마다 선포할
　　　　지어다

회　중 : 그의 영광을 모든 민족 중에, 그의 기이한 행적을 만민 중에
　　　　선포할지어다

집례자 : 여호와는 위대하시니 극진히 찬양할 것이요 모든 신보다
　　　　경외할 것임이여

회　중 : 예수께서 또 이르시되 너희에게 평강이 있을지어다 아버지
　　　　께서 나를 보내신 것 같이 나도 너희를 보내노라

집례자 : 그러므로 너희는 가서 모든 민족을 제자로 삼아 아버지와
　　　　아들과 성령의 이름으로 세례를 베풀고

회　중 : 내가 너희에게 분부한 모든 것을 가르쳐 지키게 하라

집례자 : 볼지어다 내가 세상 끝날까지 너희와 항상 함께 있으리라
　　　　하시니라

회　중 : 오직 성령이 너희에게 임하시면 너희가 권능을 받고

다함께 : 예루살렘과 온 유대와 사마리아와 땅 끝까지 이르러 내 증
　　　　인이 되리라 하시니라

송　영 3장(통 2장) 성부 성자와 성령 / 다함께(일어서서)
　　　성부 성자와 성령 찬송과 영광 돌려보내세
　　　태초로 지금까지 또 영원무궁토록
　　　성삼위께 영광 영광. 아멘.

기　도 / 맡은이
(회중이 앉은 후에 기도한다. 기도를 맡은 이는 상황에 따라 기도의 내용
을 추가할 수 있다.)
　　　영원하신 하나님 아버지,
　　　교회 설립 ○○주년을 맞이하여
　　　하나님께 감사와 영광을 올려 드립니다.
　　　특별히 하나님의 부르심에 응답하여
　　　이 교회를 세운 이들을 기억하며, 하나님께 감사를 드립니다.

우리 교회가 설립된 이래, 선교와 봉사의 사명을 이루기 위하여
최선을 다해온 것처럼,
앞으로도 주님의 위대한 명령에 따라 구원의 방주로서의 사명을
잘 감당하게 하여 주옵소서.
오늘의 기념예식이 우리 교회를 다시 성별하는 시간이 되게
하셔서, 우리에게 은혜와 복을 내리어 주옵소서.
우리 교회의 지난 역사 가운데 소중했던 기억들을
지켜가게 하시고,
새로운 꿈과 소망을 이룰 수 있도록
우리의 미래를 인도하여 주옵소서.
우리 교회가 이 세상 끝 날까지
그리스도의 증인된 사명을 감당하기를 원하오며,
우리 주 예수 그리스도의 이름으로 기도합니다. 아멘.

성경봉독 (고린도전서 3:7~11) / 맡은이

그런즉 심는 이나 물 주는 이는 아무 것도 아니로되 오직 자라게
하시는 이는 하나님뿐이니라 심는 이와 물 주는 이는 한가지이나
각각 자기가 일한 대로 자기의 상을 받으리라 우리는 하나님의 동
역자들이요 너희는 하나님의 밭이요 하나님의 집이니라 내게 주신
하나님의 은혜를 따라 내가 지혜로운 건축자와 같이 터를 닦아 두
매 다른 이가 그 위에 세우나 그러나 각각 어떻게 그 위에 세울까를
조심할지니라 이 닦아 둔 것 외에 능히 다른 터를 닦아 둘 자가 없
으니 이 터는 곧 예수 그리스도라

(참고 / 에베소서 1:15~23; 2:13~22)

찬　양 / 찬양대

말씀선포 / 맡은이

신앙고백 (사도신경) / 다함께

찬　송 220장(통 278장) 사랑하는 주님 앞에 / 다함께
　　1. 사랑하는 주님 앞에 형제 자매 한 자리에
　　　　크신 은혜 생각하며 즐거운 찬송 부르네
　　　　내 주 예수 본을 받아 모든 사람 내 몸같이
　　　　환난 근심 위로하고 진심으로 사랑하세
　　2. 사랑하는 주님 앞에 온갖 충성 다 바쳐서
　　　　괴로우나 즐거우나 주님만 힘써 섬기네
　　　　우리 주님 거룩한 손 제자들의 발을 씻어
　　　　남 섬기는 종의 도를 몸소 행해 보이셨네
　　3. 사랑하는 주님 예수 같은 주로 섬기나니
　　　　한 피 받아 한 몸 이룬 형제여 친구들이여
　　　　한 몸같이 친밀하고 마음으로 하나 되어
　　　　우리 주님 크신 뜻을 지성으로 준행하세.

봉　헌 / 맡은이

봉헌기도 / 맡은이

성만찬 / 집례자

(담임자가 목사가 아니면 행할 수 없다. 주일 낮 예배 때 행하는 순서대로 하며, 형편에 따라 생략할 수도 있다.)

찬 송 302장(통 408장) 내 주 하나님 넓고 큰 은혜는 / 다함께
  1. 내 주 하나님 넓고 큰 은혜는 저 큰 바다보다 깊다
     너 곧 닻줄을 끌러 깊은 데로 저 한가운데 가 보라
  2. 왜 너 인생은 언제나 거기서 저 큰 바다 물결 보고
     그 밑 모르는 깊은 바다 속을 한번 헤아려 안 보나
  3. 많은 사람이 얕은 물가에서 저 큰 바다 가려다가
     찰싹거리는 작은 파도 보고 맘이 조려서 못 가네
  4. 자 곧 가거라 이제 곧 가거라 저 큰 은혜 바다 향해
     자 곧 네 노를 저어 깊은 데로 가라 망망한 바다로
  (후렴) 언덕을 떠나서 창파에 배 띄워
       내 주 예수 은혜의 바다로 네 맘껏 저어 가라.

교회연혁과 교세현황 보고, 기념사업 보고 / 맡은이

공로자 표창 / 맡은이

축 가 / 맡은이

인사와 알리는 말씀 / 집례자

찬 송 208장(통 246장) 내 주의 나라와 / 다함께(일어서서)

1. 내 주의 나라와 주 계신 성전과
   피 흘려 사신 교회를 늘 사랑합니다
2. 내 주의 교회는 천성과 같아서
   눈동자 같이 아끼사 늘 보호하시네
3. 이 교회 위하여 눈물과 기도로
   내 생명 다하기까지 늘 봉사합니다
4. 성도의 교제와 교회의 위로와
   구주와 맺은 언약을 늘 기뻐합니다
5. 하늘의 영광과 베푸신 은혜가
   진리와 함께 영원히 시온에 넘치네. 아멘.

축 도 / 맡은이

(예배 후에 애찬 순서를 갖는다. 기념선물이 준비되었으면 예배 후에 나누어 준다.)

예 문 ² (개정판)

펴 낸 날 : 2006. 4. 1(1판 1쇄)
　　　　　 2020. 1. 17(2판 4쇄)

펴 낸 이 : 전명구
편 집 인 : 한만철
엮 은 곳 : 예문연구위원회
펴 낸 곳 : 도서출판 kmc
　　　　　 서울특별시 종로구 세종대로 149 감리회관 16층
　　　　　 Tel. 02-399-2008　　Fax. 02-399-2085
　　　　　 http://www.kmcpress.co.kr
　　　　　 methpub@chol.com
등　　　록 : 제2-1607호(1993. 9. 4)

인　　　쇄 : 한일미디어

ISBN 978-89-8430-482-6
ISBN 978-89-8430-456-7 (세트)　　값 10,000원